J. K. HUYSMANS

UN DILEMME

PARIS
TRESSE & STOCK
Libraires-Éditeurs
8, 9, 10, 11, GALERIE DU THÉATRE-FRANÇAIS
PALAIS-ROYAL
1887

A LA MÊME LIBRAIRIE :

Il a déjà paru dans cette collection in-32
à 2 fr. le volume

HENRI BEAUCLAIR. *Le Pantalon de Madame Desnou.*

LÉON HENNIQUE. *Pœuf.*

HENRI BEAUCLAIR. *Ohé ! l'artiste.*

PAUL ADAM. *La Glèbe.*

Dijon. Imp. Darantiere.

UN DILEMME

DU MÊME AUTEUR :

MARTHE
LES SŒURS VATARD
EN MÉNAGE
L'ART MODERNE
A REBOURS
A VAU-L'EAU
CROQUIS PARISIENS
EN RADE

En préparation :

LA-BAS

Dijon, Imp. Darantiere

J. K. HUYSMANS

UN DILEMME

PARIS

TRESSE & STOCK

Libraires-Éditeurs

8, 9, 10, 11, GALERIE DU THÉATRE-FRANÇAIS

PALAIS-ROYAL

1887

IL A ÉTÉ TIRÉ A PART

dix exemplaires de cet ouvrage, sur papier de Hollande et dix exemplaires sur papier du Japon, numérotés à la presse.

I

Dans la salle à manger meublée d'un poêle en faïence, de chaises cannées à pieds tors, d'un buffet en vieux chêne, fabriqué à Paris, rue du Faubourg Saint-Antoine, et contenant, derrière les vitres de ses panneaux, des réchauds en ruolz, des flûtes à champagne, tout un service de porcelaine blanche, liseré d'or, dont on ne se servait du reste jamais ; sous une photographie de Monsieur Thiers, mal éclairée par une suspension qui rabattait la clarté sur la nappe, maître Le Ponsart et M. Lamblois plièrent leur serviette, se désignèrent d'un coup d'œil la bonne qui apportait le café et se turent.

Quand cette fille se fut retirée, après avoir ouvert une cave à liqueur en palissandre, M. Lambois jeta un regard défiant du côté de la porte, puis, sans doute rassuré, prit la parole.

— Voyons, mon cher Le Ponsart, fit-il à son convive, maintenant que nous sommes seuls, causons un peu de ce qui nous occupe ; vous êtes notaire ; au point de vue du droit, quelle est la situation exacte ?

— Celle-ci, répondit le notaire, en coupant avec un canif/à manche de nacre qu'il tira de sa poche, le bout d'un cigare : votre fils est mort sans postérité, ni frère, ni sœur, ni descendants d'eux ; le petit avoir qu'il tenait de feue sa mère doit, aux termes de l'article 746 du Code civil, se diviser par moitié entre les ascendants de la ligne paternelle et les ascendants de la ligne maternelle ; autrement dit, si Jules n'a pas écorné son capital, c'est cinquante mille francs qui reviennent à chacun de nous.

— Bien. — Reste à savoir si, par un testament, le pauvre garçon n'a pas légué une partie de son bien à certaine personne.

— C'est un point qu'il est, en effet, nécessaire d'éclaircir.

— Puis, continua M. Lambois, en admettant que Jules possède encore ses cent mille francs, et qu'il soit mort intestat, comment nous débarrasserons-nous de cette créature avec laquelle il s'est mis en ménage ? Et cela, ajouta-t-il, après une minute de réflexion, sans qu'il y ait, de sa part, tentative de chantage, ou visite scandaleuse venant nous compromettre dans cette ville.

— C'est là le hic ; mais j'ai mon plan ; je pense expulser la coquine sans grosse dépense et sans éclat.

— Qu'est-ce que vous entendez par « sans grosse dépense » ?

— Dame, une cinquantaine de francs au plus.

— Sans les meubles ?

— Bien entendu, sans les meubles... Je les ferai emballer et revenir ici par la petite vitesse.

— Parfait, conclut M. Lambois qui rapprocha sa chaise du poêle à la porte chatière duquel il tendit péniblement son pied droit gonflé de goutte.

Me Le Ponsart humait un petit verre. Il retint le cognac, en sifflant entre ses lèvres qu'il plissa de même qu'une rosette.

— Fameux, dit-il, c'est toujours le vieux cognac qui vient de l'oncle ?

— Oui, l'on n'en boit pas de pareil à Paris, fit d'un ton catégorique M. Lambois.

— Certes !

— Mais voyons, reprit le notaire, bien que mon siège soit fait, comme l'on ne saurait s'entourer de trop de précautions, récapitulons, avant mon départ pour la capitale, les renseignements que nous possédons sur le compte de la donzelle.

Nous disons que ses antécédents sont inconnus, que nous ignorons à la suite de quels incidents votre fils s'est épris d'elle, qu'elle est sans éducation aucune; — cela ressort clairement de l'écriture et du style de la lettre qu'elle vous a adressée et à laquelle, suivant mon avis, vous avez eu raison de ne pas répondre ; — tout cela est peu de chose, en somme.

— Et c'est tout ; je ne puis que vous répéter ce que je vous ai déjà raconté ; quand le médecin m'a écrit que Jules était très malade, j'ai pris le train, suis arrivé à Paris, ai trouvé la drôlesse installée chez monsieur mon fils et le soignant. Jules m'a assuré que cette fille était employée chez lui, en qualité de bonne. Je n'en ai pas cru un traître mot, mais, pour obéir aux prescriptions du médecin qui m'ordonnait de ne pas contrarier le malade, j'ai consenti à me taire et, comme la fièvre typhoïde s'aggravait malheureusement d'heure en heure, je suis resté là, subissant jusqu'au dénouement la présence de cette fausse bonne. Elle s'est d'ailleurs montrée convenable, je dois lui rendre cette justice ; puis le transfert du corps de mon pauvre Jules a eu lieu sans retard, vous le savez. Absorbé par des achats, par des courses, je n'ai plus eu l'occasion de la voir et je n'avais même plus entendu parler d'elle, lorsqu'est arrivée cette lettre où elle se déclare enceinte et me demande, en grâce, un peu d'argent.

— Préludes du chantage, fit le notaire, après un silence. — Et comment est-elle, en tant que femme ?

— C'est une grande et belle fille, une brune avec des yeux fauves et des dents droites ; elle parle peu, me fait l'effet, avec son air ingénu et réservé, d'une personne experte et dangereuse ; j'ai peur que vous n'ayez affaire à forte partie, maître Le Ponsart.

— Bah, bah, il faudrait que la poulette ait de fières quenottes pour croquer un vieux renard tel que moi ; puis, j'ai encore à Paris, un camarade qui est commissaire de police et qui pourrait, au besoin, m'aider ; allez, si rusée qu'elle puisse être, j'ai plusieurs tours dans mon sac et je me charge de la mater si elle regimbe ; dans trois jours l'expédition sera terminée, je serai de retour et vous réclamerai, comme honoraires de mes bons soins, un nouveau verre de ce vieux cognac.

— Et nous le boirons de bon cœur, celui-là ! s'écria M. Lambois qui oublia momentanément sa goutte.

— Ah ! le petit nigaud, reprit-il, parlant de son fils. Dire qu'il ne m'avait point jusqu'alors donné de tablature. Il travaillait consciencieusement son droit, passait ses examens, vivait même un peu trop en ours et en sauvage, sans amis, sans camarades. Jamais, au grand jamais, il n'avait contracté de dettes et, tout à coup, le voilà qui se laisse engluer par une femme qu'il a pêchée où ? je me le demande.

— C'est dans l'ordre des choses : les enfants trop sages finissent mal, proféra le notaire qui s'était mis debout devant le poêle et, relevant les basques de son habit, se chauffait les jambes.

— En effet, continua-t-il, le jour où ils aperçoivent une femme qui leur semble moins effrontée et plus douce que les autres, ils s'imaginent avoir trouvé la pie au nid, et va te faire fiche ! la première venue les dindonne tant qu'il lui plaît, et cela quand même elle serait bête comme une oie et malhabile !

— Vous aurez beau dire, répliqua M. Lambois, Jules n'était cependant pas un garçon à se laisser dominer de la sorte.

— Dame, conclut philosophiquement le notaire, maintenant que nous avons pris de l'âge, nous ne comprenons plus comment les jeunes se laissent si facilement enjôler par les cotillons, mais lorsqu'on se reporte au temps où l'on était plus ingambe, ah ! les jupes nous tournaient aussi la tête. Vous qui parlez, vous n'avez pas toujours laissé votre part aux autres, hein ? mon vieux Lambois.

— Parbleu ! — Jusqu'à notre mariage, nous nous sommes amusés ainsi que tout le monde, mais enfin, ni vous, ni moi, n'avons été assez godiches pour tomber — lâchons le mot — dans le concubinage.

— Evidemment.

Ils se sourirent ; des bouffées de jeunesse leur revenaient, mettant une bulle de salive sur les lèvres goulues de M. Lambois et une étincelle dans l'œil en étain du vieux notaire ; ils avaient bien dîné, bu d'un ancien vin de Riçeys, un peu dépouillé, couleur de violette ; dans la tiédeur de la pièce close, leurs crânes s'empourpraient aux places demeurées vides, leurs lèvres se mouillaient, excitées par cette entrée de la femme qui apparaissait maintenant qu'ils pouvaient se désangler, sans témoins, à l'aise. Peu à peu, ils se lancèrent, se répétant pour la vingtième fois leur goût, en fait de femmes.

Elles ne valaient aux sens de M° Le Ponsart que boulottes et courtes et très richement mises. M. Lambois les préférait grandes, un peu maigres, sans atours rares ; il était avant tout pour la distinction.

— Eh ! la distinction n'a rien à voir là-dedans, le chic parisien, oui, disait le notaire dont l'œil s'allumait de flammèches ; ce qui importe, avant tout, c'est de ne pas avoir au lit une planche.

Et il allait probablement exposer ses théories sensuelles quand un coucou sonnant bruyamment l'heure, au-dessus de la porte, l'arrêta net. Diable ! fit-il, dix heures ! il est temps que je regagne mes pénates si je veux être levé assez tôt demain pour prendre le premier train. Il endossa son paletot ; l'atmosphère plus fraîche de l'antichambre refroidit l'ardeur de leurs souvenirs. Les deux hommes se serrèrent la main, soucieux, sentant, maintenant que les visions de femmes s'étaient évanouies, leur haine s'accroître contre cette inconnue qu'ils voulaient combattre, pensant qu'elle leur disputerait chaudement une succession à laquelle ce monument de justice qu'ils révéraient, à l'égal d'un tabernacle, le Code, leur donnait droit.

II

Maître Le Ponsart était établi, depuis trente années, notaire à Bauchamp, une petite localité située dans le département de la Marne; il avait succédé à son père dont la fortune, accrue par certaines opérations d'une inquiétante probité, avait été, dans les lentes soirées de la province, un inépuisable aliment de commérages.

Une fois ses études terminées, Me Le Ponsart, avant de retourner au pays, avait passé à Paris quelque temps chez un avoué où il s'était initié aux plus perfides minuties de la procédure.

D'instincts déjà très équilibrés, il était l'homme qui dépensait sans trop lésiner son argent, jusqu'à concurrence de telle somme ; s'il consentait, pendant son stage à Paris, à gaspiller tout en parties fines, s'il ne liardait pas trop durement avec une femme, il exigeait d'elle, en échange, une redevance de plaisirs tarifée suivant un barême amoureux établi à son usage ; l'équité en tout, disait-il ; et, comme il payait, pièces en poches, il croyait juste de faire rendre à son argent un taux de joies usuraire, réclamait de sa débitrice un tant pour cent de caresses, prélevait avant tout un escompte soigneusement calculé d'égards.

A ses yeux, il n'y avait que la bonne chère et les filles qui pussent représenter, en valeur, la dépense qu'elles entraînaient; les autres bonheurs de la vie dupaient, n'équivalaient jamais à l'allégresse que procure la vue de l'argent même inactif, même contemplé au repos, dans une caisse ; aussi usait-il constamment des petits artifices usités dans les provinces où l'économie a la tenacité d'une lèpre ; il se servait de bobêchons, de brûle-tout, afin de consumer ses bougies jusqu'à la dernière parcelle de leurs mèches, faisait, ne pouvant supporter sans étourdissements le charbon de terre et le coke, de ces petits feux de veuves où deux bûches isolées rougeoient à distance, sans chaleur et sans flammes, courait toute la ville pour acquérir un objet à meilleur compte et il éprouvait une satisfaction toute particulière à savoir que les autres payaient plus cher, faute de connaître les bons endroits qu'il se gardait bien, du reste, de leur révéler, et il riait sous cape, très fier de lui, se jugeant très madré, alors que ses camarades se félicitaient devant lui d'aubaines qui n'en étaient point.

De même que la plupart des provinciaux, il ne pouvait aisément dans un magasin tirer son porte-monnaie de sa poche ; il entrait avec l'intention bien arrêtée d'acheter, examinait méticuleusement la marchandise, la jugeait à sa convenance, la savait bon marché et de meilleure qualité que partout ailleurs, mais, au moment de se décider, il demeurait hésitant, se demandant s'il avait bien réellement besoin de cette emplette, si les avantages qu'elle présentait étaient suffisants pour compenser la dépense ; de même encore que la plupart des provinciaux, il n'eût point fait laver son linge à Paris par crainte des blanchisseuses qui le brûlent, dit-on, au chlore ; il expédiait le tout en caisse, par le chemin de fer, à Bauchamp, parce que, comme chacun sait, à la campagne, les blanchisseuses sont loyales et les repasseuses inoffensives.

En somme, ses penchants charnels avaient été les seuls qui fussent assez puissants pour rompre jusqu'à un certain point ses goûts d'épargne ; singulièrement circonspect lorsqu'il s'agissait d'obliger un ami, Me Le Ponsart n'eût pas prêté la plus minime somme à l'aveuglette, mais plutôt que d'avancer cent sous à un camarade qui mourait de faim, il eût, en admettant qu'il ne pût se dérober à ce service, offert de préférence à l'emprunteur un dîner de huit francs, car il prenait au moins sa part du repas et tirait un bénéfice quelconque de sa dépense.

Son premier soin, quand il revint à Bauchamp, après la mort de son père, fut d'épouser une femme riche et laide ; il eut d'elle une fille également laide, mais malingre, qu'il maria toute jeune à M. Lambois qui atteignait alors sa vingt-cinquième année et se trouvait déjà dans une situation commerciale que la ville qualifiait de « conséquente. »

Devenu veuf, Me Le Ponsart avait continué d'exploiter son étude, bien qu'il ressentît souvent le désir de la vendre et de retourner se fixer à Paris où la supercherie de ses adroites prévenances ne se fût pas ainsi perdue dans une atmosphère tout à la fois lanugineuse et tiède.

Et pourtant où eût-il découvert un milieu plus propice et moins hostile ?

Il était le personnage le plus considéré de ce Bauchamp qui ne lui marchandait pas son admiration en laquelle entraient, pour dire vrai, du respect et de la peur. Après les éloges qui accompagnaient généralement son nom, cette phrase corrective se glissait d'habitude : « C'est égal, il fait bon d'être de ses amis, » et des hochements de tête laissaient supposer que M^{o} Le Ponsart n'était point un homme dont la rancune demeurait inactive.

Son physique seul avertissait, tout en les déconcertant, les moins prévenus ; son teint aqueux, ses pommettes vergées de fils roses, son nez en biseau, relevé du bout, ses cheveux blancs enroulés sur la nuque et couvrant l'oreille, ses laborieuses épaules de vigneron, sa familière bedaine de curé gras, attiraient par leur bonhomie, incitaient d'abord à se confier à lui, presqu'à lui taper gaiement sur le ventre, les imprudents que glaçaient aussitôt l'étain de son regard, l'hiver de son œil froid.

Au fond, nul à Bauchamp n'avait pénétré le véritable caractère de ce vieillard qu'on vantait surtout parce qu'il semblait représenter la distinction parisienne en province et qui n'avait néanmoins pas abdiqué son origine, étant resté un pur provincial, malgré son séjour dans la capitale.

Parisien, il l'était au suprême degré pour toute la ville, car ses savons et ses vêtements venaient de Paris et il était abonné à « la Vie Parisienne » dont les élégances tolérées allumaient ses prunelles graves ; mais il corrigeait ces goûts mondains par un abonnement au « Moliériste » une revue où quelques gaziers s'occupaient d'éclairer la vie obscure du « Grand Comique. » Il y collaborait, du reste, — la gaieté de Molière étant pour lui compréhensible — et son amour pour cette indiscutable gloire était tel qu'il mettait « le Bourgeois gentilhomme » en vers ; ce prodigieux labeur était sur le chantier depuis sept ans ; il s'efforçait de suivre le texte mot à mot, recueillant une immense estime de ce beau travail qu'il interrompait parfois cependant, pour fabriquer des poésies de circonstance qu'il se plaisait à débiter, les jours de naissance ou de fête, dans l'intimité, alors qu'on portait des toasts.

Provincial, il l'était aussi au degré suprême : car il était tout à la fois amateur de commérages, gourmand et liardeur ; remisant ses instincts sensuels qu'il n'eût pu satisfaire sans un honteux fracas, dans une petite ville, il avouait les charmes de la bonne chère et donnait de savoureux dîners, tout en rognant sur l'éclairage et les cigares. Me Le Ponsart est une fine bouche, disaient le percepteur et le maire qui jalousaient ses dîners tout en les prônant. Dans les premiers temps, ce luxe de la table et cet abonnement à un journal parisien, cher faillirent outrepasser la dose de parisianisme que Bauchamp était à même de supporter ; le notaire manqua d'acquérir la réputation d'un roquentin et d'un prodigue ; mais bientôt ses concitoyens reconnurent qu'il était un des leurs, animé des mêmes passions qu'eux, des mêmes haines ; le fait est que, tout en gardant le secret professionnel, Me Le Ponsart encourageait les médisances, se délectait au récit des petits cancans ; puis il aimait tant le gain, vantait tant l'épargne, que ses compatriotes s'exaltaient à l'entendre, remués délicieusement jusqu'au fond de leurs moelles par ces théories dont ils raffolaient assez pour les entendre quotidiennement et les juger toujours poignantes et toujours neuves. Au reste, ce sujet était pour eux intarissable ; ici, là, partout, l'on ne parlait que de l'argent ; dès que l'on prononçait le nom de quelqu'un, on le faisait aussitôt suivre d'une énumération de ses biens, de ceux qu'il possédait, de ceux qu'il pouvait attendre. Les purs provinciaux citaient même les parents morts, narraient des anecdotes autant que possible malveillantes, scrutaient l'origine des fortunes, les pesaient à vingt sous près.

Ah ! c'est une grande intelligence doublée d'une grande discrétion ! disait l'élite bourgeoise de Bauchamp. Et quel homme distingué ajoutaient les dames. Quel dommage qu'il ne se prodigue pas davantage ! reprenait le chœur, car Me Le Ponsart, malgré les adulations qui l'entouraient, se laissait désirer, jouant la coquetterie, afin de maintenir intact son prestige ; puis souvent il se rendait à Paris, pour affaires, et, à Bauchamp, la société qui se partageait les frais d'abonnement du « Figaro, » demeurait un peu surprise que cette feuille n'annonçât point l'entrée de cet important personnage dans la métropole, alors que, sous la rubrique : « Déplacements et villégiature » elle notait spécialement, chaque jour, les départs et les arrivées « dans nos murs » des califes de l'industrie et des hobereaux, au vif contentement du lecteur qui ne pouvait certainement que s'intéresser à ces personnes dont il ignorait, la plupart du temps, jusqu'aux noms.

Cette gloire qui rayonnait autour de Me Le Ponsart avait un peu rejailli sur son gendre et ami, M. Lambois, ancien bonnetier, établi à Reims, et retiré, après fortune faite, à Bauchamp. Veuf de même que son beau-père et n'ayant aucune étude à gérer, M. Lambois occupait son oisiveté dans les cantons où il s'enquérait de la santé des bestiaux et de l'ardeur à naître des céréales; il assiégeait les députés, le préfet, le sous-préfet, le maire, tous les adjoints, en vue d'une élection au conseil général où il voulait se porter candidat.

Faisant partie des comités électoraux, empoisonnant la vie de ses députés qu'il harcelait, bourrait de recommandations, chargeait de courses, il pérorait dans les réunions, parlait de notre époque qui se jette vers l'avenir, affirmait que le député, mis sur la sellette, était heureux de se retremper dans le sein de ses commettants, prônait l'imposante majesté du peuple réuni dans ses comices, qualifiait d'arme pacifique le bulletin de vote, citait même quelques phrases de M. de Tocqueville, sur la décentralisation, débitait, deux heures durant, sans cracher, ces industrieuses nouveautés dont l'effet est toujours sûr.

Il rêvait à ce mandat de conseiller général, ne pouvant encore briguer le siège de son député qui n'était pas dupe de ses manigances et était bien résolu à ne point se laisser voler sa place ; il y rêvait, non seulement pour lui, dont les convoitises seraient exaucées, mais aussi pour son fils qu'il destinait au sacerdoce des préfectures. Une fois que Jules aurait passé sa thèse, M. Lambois espérait bien, par ses protections, par ses démarches, le faire nommer sous-préfet et puis préfet. Il comptait même agir si fortement sur les députés, qu'ils le feraient placer à la tête du département de la Marne : alors, ce serait son enfant à lui, Lambois, ex-bonnetier retiré des affaires, qui régirait ses compatriotes et qui administrerait son département d'origine. Positivement, il eût vu, dans l'élévation de son fils à un si haut grade, une sorte de noblesse décernée à sa famille dont il vantait pourtant la roture, une sorte d'aristocratie qu'on pourrait opposer à la véritable, qu'il exécrait, tout en l'enviant.

Mais tout cet échafaudage de désirs avait croulé ; la mort de son enfant avait obscurci cet avenir de vanité, brouillé cet horizon d'orgueil; puis, il avait réagi contre ce coup, et ses ambitions familiales s'étaient reversées sur ses ambitions personnelles et s'y étaient fondues. Avec autant d'âpreté, il souhaitait maintenant d'entrer au conseil général et, soutenu par Me Le Ponsart qui le guidait pas à pas, il s'avançait peu à peu, sans encombre, souvent à plat ventre, espérant une élection bénévole, sans concurrent sérieux, sans frais sévères. Tout marchait suivant ses vœux, et voilà que se levait la menace d'une gourgandine ameutant la contrée autour d'un petit Lambois, écroué dans la temporaire prison de son gros ventre !

Jules a dû lui communiquer dans ses moments d'expansion mes projets, se disait-il douloureusement, le jour où il reçut la demande d'argent signée de cette femme.

— Ah ! c'est là notre point vulnérable, notre talon d'Achille, soupira le notaire quand il lut cette missive, et tous deux, malgré les principes dont ils faisaient parade, regrettaient les anciennes lettres de cachet qui permettaient d'incarcérer, jadis, pour de semblables motifs, les gens à la Bastille.

III

C'EST un des meilleurs moments de la vie, râlait Me Le Ponsart qui avait copieusement déjeûné au Bœuf à la Mode et était maintenant assis dans la rotonde du Palais-Royal, le seul endroit où, de même que tout bon provincial, il s'imaginait que l'on pût boire du vrai café. Il soufflait, engourdi, la tête un peu renversée, sentant une délicieuse lassitude lui couler par tous les membres. Il avait eu de la chance, la journée s'annonçait bien ; dès neuf heures du matin, il s'était rendu chez le notaire qui s'occupait à Paris des affaires de son petit-fils; nulle trace de testament; de là, il avait couru au *Crédit lyonnais* où était placé cet argent dont la perte soupçonnée troublait ses sommes : le dépôt y était encore. Décidément, le plus dur de la besogne lui était épargné; la femme avec laquelle il allait se mesurer ne possédait, à sa connaissance du moins, aucun atout juridique. — Allons, ça commence sous d'heureux auspices, murmurait-il, poussant à petites bouffées bleues la fumée de son cigare.

Puis il eut ce retour philosophique sur la vie qui succède si souvent à la première torpeur des gens dont l'esprit se met à ruminer, quand l'estomac est joyeux et le ventre plein. C'est égal, ce que les femmes s'entendent à gruger les hommes! se disait-il, et il se complaisait dans cette pensée sans imprévu. Peu à peu, elle se ramifia, s'embranchant sur chacune des qualités corporelles qui contribuent à investir la femme de son inéluctable puissance. Il songeait au festin de la croupe, au dessert de la bouche, aux entremets des seins, se repaissait de ces détails imaginaires qui finirent par se rapprocher, se fondre en un tout, en la femme même, érotiquement nue, dont l'ensemble lui suscita cette autre réflexion aussi peu inédite que la première dont elle n'était d'ailleurs que l'inutile corollaire : « les plus malins y sont pris. »

Il en savait quelque chose, Mᵒ Le Ponsart, dont le tempérament sanguin et la large encolure n'avaient pu s'amoindrir avec l'âge. La vue avait bien baissé, après la soixantaine, mais le corps était demeuré vert et droit ; depuis la mort de sa femme, il souffrait de migraines, de menaces de congestion que le médecin n'hésitait pas à attribuer à cette perpétuelle continence qu'il devait garder à Bauchamp.

La soixante-cinquième année était sonnée et des désirs de paillardise l'assiégeaient encore; après avoir eu, pendant sa jeunesse et son âge mûr, un robuste appétit qui lui permettait de contenter sa faim, plus par le nombre des plats que par leur succulence, des tendances de gourmets lui étaient venues avec l'âge; mais, ici encore, la province avait façonné ses goûts à son image; ses aspirations vers l'élégance étaient celles d'un homme éloigné de Paris, d'un paysan riche, d'un parvenu qui achète du toc, veut du clinquant, s'éblouit devant les velours voyants et les gros ors.

Tout en sirotant sa demi-tasse, il évoquait maintenant comme à Bauchamp, alors qu'il digérait, assis à son bureau, devant un horizon de cartons verts, ces raffinements particuliers qui le hantaient et qui dérivaient tous de cette « Vie Parisienne » qu'il recevait et lisait ainsi qu'un bréviaire, en la méditant. Elle lui ouvrait une perspective de chic qui lui semblait d'autant plus désirable que sa jeunesse à Paris n'avait été ni assez inventive ni assez riche pour l'approcher. Il eût néanmoins hésité à vérifier ces opulences en s'y mêlant car, malgré ses convoitises, l'avarice native de sa race le détournait de tels achats ; il se bornait à se susciter un idéal qu'il consentait à croire inaccessible, à souhaiter simplement de le frôler, si faire se pouvait, pour le moins cher et dans les conditions les moins humiliantes possibles, car le bon sens du vieillard précis, du notaire, refrénait cette poésie de lieux publics, en s'avouant très franchement que l'âge n'était plus où il pouvait espérer de plaire aux femmes. Sans doute, après le carême qu'il observait à Bauchamp, Me Le Ponsart se croyait encore en mesure de faire honneur au repas, pour peu qu'il fût précédé de caresses apéritives et disposé sur une nappe blanche dans un service encore jeune, sans fêlures ni rides ; mais il savait, par expérience aussi, qu'il se trouverait forcément en face d'une invitée qui ne mangerait que du bout des lèvres et à laquelle son appétit ne communiquerait nulle fringale.

Ces pensées lui revenaient surtout depuis qu'il était à Paris, seul, à l'abri des regards d'une petite ville, libre de ses actes, le porte-monnaie bien garni, la tête un peu échauffée par du faux Bordeaux.

Il avait lu le dernier numéro de la « Vie Parisienne » et tout, depuis les histoires pralinées et les dessins dévêtus des premières pages jusqu'aux boniments des annonces, l'enthousiasmait.

Certes, les articles célébrant sans relâche les victoires de la cavalerie et les défaites des grandes dames l'exaltaient, bien qu'il doutât un peu que le faubourg Saint-Germain polissonnât de la sorte : mais, plus que ces sornettes dont l'invraisemblance le frappait, la réclame, précise, nette, isolée du milieu mensonger d'un conte, était pour lui ductile au rêve. Quoiqu'il fît la part de l'exagération nécessitée par les besoins de la vente, il demeurait cependant surpris et chatouillé par l'imperturbable assurance de l'annonce vantant un produit qui existait, qu'on achetait, un produit qui n'était pas, en somme, une invention de journaliste, un canard imaginé en vue d'un article.

Ainsi, tout en l'amenant à sourire, le lait Mamilla suggérait aussitôt devant ses yeux le délicieux spectacle d'une gorge rebondie à point; l'incrédulité même qu'il pouvait ressentir, en y réfléchissant, pour les bienfaits si vivement affirmés de cette mixture, aidait à l'emporter dans un plaisant vagabondage, car il lisait distinctement entre les lignes de la réclame la façon non écrite d'employer ce lait, voyait l'opération en train de s'accomplir, la gorge tirée de la chemise, doucement frottée, et la nudité de ces seins forcément plats accélérait encore ses songeries, le menant, par des degrés intermédiaires d'embonpoint, à ces nainais énormes que ses mains chargées aimaient à tenir.

Sa vieille âme gavée de procédure, saturée des joies de l'épargne, se détendait dans ce bain imaginatif où elle trempait, dans ce lavabo de journal où s'étalaient des rayons de parfumerie dont les étiquettes chantaient sur un ton lyrique les discutables hosannas des peaux réparées et revernies, des fronts délivrés de rides, des nez affranchis de tannes !

Je n'étais décidément pas fait pour vivre, en popote, au fond d'une province, soupirait maintenant Me Le Ponsart, ébloui par ce défilé d'élégances qui se succédaient dans sa cervelle, — et il sourit, flatté au fond de constater, une fois de plus, qu'il possédait une âme de poète ; — puis, l'association des idées le conduisit, à propos de femmes, à penser à celle qui était la cause de son voyage. — Je suis curieux de voir la péronnelle, se dit-il ; si j'en crois Lambois, ce serait une appétissante gaillarde, aux yeux fauves, une brune grasse ; eh, eh ! cela prouverait que Jules avait bon goût. Il essaya de se la figurer, créant de la sorte, au détriment de la véritable femme qu'il devait fatalement trouver inférieure à celle qu'il imaginait, une superbe drôlesse dont il détailla les charmes dodus en frissonnant.

Mais cette délectation spirituelle s'émoussa et il reprit son calme. Il consulta sa montre : l'heure n'étant pas encore venue de visiter la femme de son petit-fils, il pria le garçon de lui apporter des journaux ; il les parcourut sans intérêt. — Despotiquement, la femme revenait à la charge, culbutait sa volonté de se plonger dans la politique, restait, seule, implantée dans son cerveau et devant ses yeux.

Il s'estima lui-même ridicule, hocha la tête, regarda le café pour se distraire, puis il chercha en l'air les traces des tuyaux chargés d'amener le gaz dans d'étonnants lustres à pendeloques qui descendaient du plafond culotté comme l'écume d'une vieille pipe, s'amusa à énumérer les cuillers, disposées en éventail, dans une urne de maillechort, sur le comptoir; pour varier ses plaisirs il contempla, par les vitres, le jardin qui s'étendait presque désert, à cette heure, avec ses quelques statues lépreuses, ses kiosques bigarrés, et ses allées plantées d'arbres, aux troncs biscornus, frottés de vert; au loin, un petit jet d'eau s'élevait au-dessus d'une soucoupe, pareil à l'aigrette d'un colonel : cela ressemblait à l'un de ces jardins de boîtes à joujoux qui sentent toujours le sapin et la colle, à un jouet défraîchi de jour de l'an, serré, de même que dans une grande boîte à dominos sans couvercle, entre les quatre murs de maisons pareilles.

Ce spectacle le lassa vite ; il revint à l'intérieur du café : lui aussi, était à peu près vide ; deux étrangers fumaient ; trois messieurs disparaissaient derrière des journaux ouverts, ne montrant que des mains sur le papier et sous la table des pantalons d'où sortaient des pieds ; un garçon bâillait sur une chaise, la serviette sur l'épaule, et la dame du café balançait des comptes. Le vague relent de Restauration mélangée de Louis-Philippe que dégageait cet endroit plut à Me Le Ponsart. L'âme de la vieille garde nationale, en bonnet à poils et en culotte blanche, semblait revenir dans cette armoire ronde et vitrée où les étrangers et les provinciaux qui s'y désaltéraient d'habitude ne laissaient aucune émanation d'eux, aucune trace. Il se décida pourtant à partir ; le temps était sec et froid ; ses obsessions se dissipèrent ; le notaire ressortait maintenant chez l'homme, la chicane reprenait le dessus, la digestion s'achevait ; il pressa le pas.

— Je risque peut-être de ne point la rencontrer, murmurait-il, mais mieux valait ne pas la prévenir de ma visite ; ses batteries ne sont sans doute pas encore montées ; j'ai plus de chance de les démolir, en les surprenant, à l'improviste.

Il trottait par les rues, vérifiant les plaques émaillées des noms, craignant de se perdre dans ce Paris qu'il ne connaissait plus. Il parvint, tant bien que mal, jusqu'à la rue du Four, examina les numéros, fit halte devant une maison neuve ; les murs du vestibule stuqué comme un nougat, les tapis à baguettes de cuivre, les pommes en verre de la rampe, la largeur de l'escalier lui parurent confortables ; le concierge installé derrière une grande porte à vantaux lui sembla présomptueux et sévère, ainsi qu'un ministre de l'Église protestante. Il tourna le bec de cane et son impression changea ; ce pète-sec officiait dans une loge qui empestait l'oignon et le chou.

— Mlle Sophie Mouveau ? dit-il.

Le concierge le toisa, et d'une voix embrumée par le trois-six : Au quatrième, au fond du corridor, à droite, la troisième porte.

Me Le Ponsart commença l'ascension, tout en déplorant le nombre exagéré des marches. Arrivé au quatrième étage, il s'épongea, s'orienta dans un couloir sombre, chercha à tâtons le long des murs, découvrit la troisième porte dans la serrure de laquelle était fichée une clef, et, ne découvrant ni sonnette ni timbre, il appliqua un petit coup discret sur le bois, avec le manche de son parapluie.

La porte s'ouvrit. Une forme de femme se dessina dans l'ombre. Me Le Ponsart entrait en pleines ténèbres. Il déclina son nom et ses qualités. Sans dire mot, la femme poussa une seconde porte et le précéda dans une petite chambre à coucher ; là, ce n'était plus la nuit, mais le crépuscule, au milieu du jour. La lumière descendait dans une cour, large comme un tuyau de cheminée, se glissait, en pente, grise et triste, dans la pièce, par une fenêtre mansardée, sans vue.

— Mon Dieu! et mon ménage qui n'est pas fait! dit la femme.

Me Le Ponsart eut un geste d'indifférence et commença :

— Madame, ainsi que j'ai eu l'honneur de vous l'annoncer, je suis le grand-père de Jules ; en ma qualité de cohéritier du défunt et en l'absence de M. Lambois dont je suis le mandataire, je vous demanderai la permission d'inventorier tout d'abord les papiers laissés par mon petit-fils.

La femme le considérait d'un air tout à la fois ahuri et plaintif.

— Eh bien ? fit-il.

— Mais, je ne sais pas moi où Jules mettait ses affaires. Il avait un tiroir où il serrait ses lettres ; tenez, là, dans cette table.

Me Le Ponsart acquiesça du chef, ôta ses gants qu'il plaça sur le rebord de son chapeau et prit place devant l'un de ces petits bureaux en acajou couleur d'orangeade d'où l'on tire difficilement une planchette revêtue de basane. Il était déjà habitué à la brune de la pièce et, peu à peu, il distinguait les meubles. Au-dessus du bureau, pendait, inclinée sur de la corde verte dont les nœuds passaient derrière les pitons et le cadre, une photographie de Monsieur Thiers, semblable à celle qui parait la salle à manger du père, à Bauchamp, — cet homme d'Etat étant évidemment l'objet d'une vénération spéciale dans cette famille; — à gauche, s'étendait le lit fourragé, avec les oreillers en tapons ; à droite se dressait la cheminée pleine de flacons de pharmacie ; derrière Me Le Ponsart, à l'autre bout de la pièce, s'affaissait un de ces petits canapés-lits tendu de ce reps bleu que le soleil et la poussière rendent terreux et roux.

La femme s'était assise sur ce canapé. Le notaire, gêné de sentir quelqu'un derrière son dos, fit volte-face et pria la femme de ne pas interrompre, à cause de lui, ses opérations domestiques, l'invita à faire absolument comme si elle était chez elle, appuyant un peu sur ces expressions, préparant ainsi ses premiers travaux d'approche. Elle ne parut pas comprendre le sens qu'il prêtait aux mots et demeura, assise, silencieuse, regardant obstinément la cheminée décorée de fioles.

— Diable ! fit Me Le Ponsart, la mâtine est forte ; elle a peur de se compromettre en ouvrant la bouche. Il lui retourna le dos, le ventre devant la table ; il commençait à s'exaspérer de cette entrée en matière ; étant admis le système qu'il présumait adopté par cette femme, il allait falloir mettre les points sur les *i*, marcher de l'avant, à l'aveuglette, attaquer au petit bonheur un ennemi retranché qui l'attendait. Aurait-elle entre les mains un testament ? se disait-il, les tempes soudain mouillées de sueur.

L'extérieur de la femme qu'il avait dévisagée, en se penchant vers elle, l'inquiétait et l'irritait tout à la fois. Impossible de lire sur cette figure une idée quelconque ; elle semblait ahurie et muette ; ses yeux fauves vantés par M. Lambois étaient déserts ; aucune signification précise ne pouvait être assignée à leur éclat.

Tout en dépliant des liasses de lettres, Me Le Ponsart réfléchissait. Le peu de bienveillance qu'il avait pu apporter avec la fin d'une heureuse digestion disparaissait. C'était, au demeurant, une souillon que cette fille ! bien bâtie, mais plutôt maigre que grasse, elle était vêtue d'un caraco de flanelle grise, à raies marron, d'un tablier bleu, de bas de filoselle, emmanchés dans des savates aux quartiers rabattus et écrasés par le talon.

L'indulgence instinctive qu'il eût éprouvée pour la femme qu'il s'était imaginée, pour une belle drôlesse, grassouillette et fosselue, chaussée de bas de soie et de mules en satin, sentant la venaison et la poudre fine, avait fait place à l'indifférence, même au mépris. Bon Dieu ! que ce pauvre Jules était donc jeune ! se disait-il, en guise de conclusion. Subitement l'idée qu'elle était enceinte lui traversa d'un jet la cervelle.

Il mit ses lunettes qu'en vieux barbon

il avait fait disparaître alors qu'il pensait trouver une fille élégante et grasse, et, brusquement, il se tourna.

Les hanches remontaient, en effet, élargies un peu ; sous le tablier, le ventre bombait ; examinée avec plus de soin, la figure lui parut un peu talée ; décidément, elle n'avait pas menti dans sa lettre. La femme le regardait, surprise de cette insistance à la dévisager ; M° Le Ponsart jugea utile de rompre le silence.

— Avez-vous un bail ? lui dit-il.

— Un bail ?

— Oui, Jules a-t-il signé avec le propriétaire un engagement qui lui assure, moyennant certaines conditions, la jouissance de ce logement, pendant trois, six ou neuf ans ?

— Non, Monsieur, pas que je sache.

— Allons, tant mieux.

Il lui tourna le dos derechef et, cette fois, commença la besogne.

Il vérifiait rapidement les lettres qu'il ouvrait ; toutes étaient sans importance, ne renfermaient aucune allusion à cette femme dont les antécédents inconnus le poursuivaient ; d'autres liasses ne le renseignèrent pas davantage ; il se contenta de noter l'adresse des gens qui les avaient signées, se réservant de leur écrire, de les consulter, si besoin était, en dernier ressort ; enfin il scruta un paquet de factures acquittées, classé à part ; celui-là, il le mit aussitôt dans sa poche. En somme, aucun papier n'était là qui pût l'éclairer sur les volontés du défunt ; mais qui sait si cette femme n'avait pas enlevé un testament qu'elle se réservait de montrer, au moment propice ? Il était sur des épines, exaspéré contre son petit-fils et contre cette fille; il résolut de sortir de cette incertitude qui ajournait la mise en œuvre de son plan, et il hésitait néanmoins à poser brutalement la question, appréhendant de laisser voir la partie faible de son attaque, d'avouer sa crainte, redoutant aussi de mettre la femme sur une voie à laquelle elle n'avait peut-être pas sérieusement songé.

Oh! ce serait, en tout cas, improbable, murmura-t-il, se répondant à cette dernière objection; et il se détermina.

— Voyons, ma chère enfant, et ce ton paternel étonna Sophie que glaçait en même temps l'œil taciturne de ce notaire; voyons, vous êtes bien sûre que notre pauvre ami n'a pas conservé d'autres papiers, car, à ne vous rien celer, je suis surpris de ne pas découvrir un bout de mot, une ligne, qui ait trait à ses amis. Généralement, quand on a du cœur, — et mon cher Jules en était abondamment pourvu, — on lègue un petit cadeau, une babiole, un rien, ce couteau par exemple ou cette pelote, enfin un souvenir, aux personnes qui vous aimaient. Comment peut-il se faire qu'ayant eu tout le temps nécessaire pour prendre ses dispositions, Jules soit mort ainsi, égoïstement, pour lâcher le mot, sans penser aux autres ?

Il fixait attentivement la femme ; il vit les larmes qui lui emplirent soudain les yeux.

— Mais vous, vous qui l'avez soigné avec tant de dévouement, il est impossible qu'il vous ait oubliée ! — Et il eut un ton de chaleur presque indignée.

Tant pis, se disait-il, je joue le tout pour le tout. Les pleurs aperçus l'avaient, en effet, brusquement décidé. Elle s'attendrit ; elle va tout avouer, si je la presse, pensa-t-il. Et il renversait sa tactique, posait, contrairement à ce qu'il avait d'abord arrêté, la question nette mais adoucie, maintenant à peu près certain d'ailleurs que la femme ne détenait aucun testament, car il ne songeait même point qu'elle pût pleurer au souvenir de son amant, et il attribuait, sans hésiter, son chagrin au regret de ne pas posséder ce titre.

— Oui, Monsieur, dit-elle, en essuyant ses yeux, quand il a été bien malade, Jules voulait me laisser de quoi m'établir, mais il est mort avant d'avoir écrit.

— La jeunesse est tellement inconsidérée, proféra gravement Me Le Ponsart. — Et il se tut, pendant quelques minutes, dissimulant l'intense jubilation qu'il ressentait. Il avait un poids de cent kilos de moins sur la poitrine ; les atouts affluaient dans ses cartes. Toi, je vais te faire chelem et sans plus tarder, se dit-il.

Il se leva, marcha de long en large, dans la pièce, d'un air préoccupé, regardant en dessous Sophie qui demeurait immobile, roulant son mouchoir entre ses doigts.

— Non, il manquait de raffinement, mon petit-fils, car elle est singulièrement rustique, la brave fille ! — Et il lorgnait ses mains un peu grosses, à l'index poivré par la couture, aux ongles dépolis par le ménage et crénelés par la cuisine. Mal mise, sans aucun chic, la poupée à Jeanneton, pensait-il. Sans même qu'il s'en rendît compte, cette constatation aggravait auprès de lui la cause de la femme. Les cheveux mal peignés qui lui tombaient sur les joues l'incitèrent à se montrer brutal.

— Mademoiselle, — et il s'arrêta devant elle, — il faut que je vienne pourtant au fait. M. Lambois, tout en reconnaissant les bons soins que vous avez prodigués à son fils, à titre de bonne, ne peut naturellement admettre que cette situation se perpétue. Je vais donner congé de ce logement aujourd'hui même, car nous sommes le 15 et il est temps ; demain je ferai emporter les meubles ; reste la question pécuniaire qui vous concerne.

M. Lambois a pensé, et cet avis est le mien, qu'étant données les laborieuses qualités dont vous avez fait preuve, Jules ne pouvait avoir une servante aussi dévouée, à moins de quarante-cinq francs par mois, prix fort, comme vous ne l'ignorez pas, à Paris,

— car, nous autres campagnards, ajouta le notaire entre parenthèses, nous avons chez nous des domestiques, à un prix beaucoup moindre, mais peu importe. — Donc, nous sommes le 15, c'est quinze jours plus huit d'avance que je vous dois, soit trente-trois francs soixante-quinze centimes, si je sais compter. Veuillez bien me signer le reçu de cette petite somme.

Effarée, la femme se leva.

— Mais, monsieur, je ne suis pas une bonne, vous savez bien comment j'étais avec Jules ; je suis enceinte, j'ai même écrit...

— Pardonnez-moi de vous interrompre, dit Me Le Ponsart. Si j'ai bien compris vous étiez la maîtresse de Jules. Alors, c'est une autre paire de manches : vous n'avez droit à rien du tout.

Elle demeura abasourdie par ce coup droit.

— Alors, comme ça, fit-elle, en suffoquant, vous me chassez sans argent, avec un enfant que je vais avoir.

— Du tout, mademoiselle, du tout ; vous déplacez la question ; je ne vous chasse point, en tant que maîtresse : je vous donne vos huit jours, en tant que bonne, ce qui n'est pas la même chose. Voyons, écoutez-moi bien ; vous avez été présentée en qualité de servante par Jules, à son père. Tout le temps que M. Lambois est resté ici, vous avez joué ce rôle. M. Lambois ignore donc ou est du moins censé ignorer les relations que vous entreteniez avec son fils. Etant actuellement souffrant, retenu chez lui par une attaque de goutte, il m'a chargé de venir à Paris, en son lieu et place, afin de régler les affaires laissées pendantes de la succession, et, nécessairement, il a résolu de se priver des services d'une bonne puisque la seule personne qui pouvait les utiliser n'est plus.

Sophie éclata en sanglots.

— Je l'ai pourtant soigné, j'ai passé les nuits, je le referais encore si c'était à refaire, car il m'aimait bien. Ah ! lui, il avait bon cœur ; il se serait plutôt privé de tout, que de me mettre dans la peine. Non, pour sûr, ce n'est pas lui qui aurait chassé une femme qu'il aurait mise enceinte !

— Oh ! cette question-là, nous la laisserons de côté, fit assez vivement le notaire. En admettant, comme vous le prétendez, que vous soyez grosse des œuvres de Jules, ce n'est pas, vous en conviendrez, à un homme de mon âge qu'il appartient de sonder les mystères de votre alcôve ; je me récuse absolument pour cette besogne. Au fait, reprit-il, frappé d'une idée subite, vous êtes grosse de combien de mois ?

— De quatre mois, monsieur.

Me Le Ponsart parut méditer. Quatre mois ! mais Jules était déjà malade et, par conséquent, il devait s'abstenir, par raison de santé, de ces rapprochements que les personnes bien portantes peuvent seules se permettre. Il y aurait donc présomption pour que ce ne fût pas lui...

— Mais il n'était pas au lit il y a quatre mois, s'écria Sophie indignée de ces suppositions ; le médecin n'était pas même venu... puis il m'aimait bien et...

Me Le Ponsart étendit la main.

— Bien, bien, fit-il, cela suffit, et, un peu vexé d'avoir fait fausse route et de n'avoir pu, avec le chiffre des mois, confondre la femme, il ajouta aigrement : Je me doutais déjà que des excès avaient dû causer la maladie et hâter la mort de Jules, maintenant, j'en ai la certitude ; quand on n'est pas plus fort que n'était le pauvre garçon, c'est véritablement malheureux de tomber sur une personne qui est... voyons, comment dirai-je, trop bien portante, trop brune, fit-il, très satisfait de cette dernière épithète qu'il estimait à la fois concluante et exacte.

Sophie le regarda, stupéfiée par cette accusation ; elle n'avait même plus le courage de répondre, tant les actes qu'on lui reprochait lui semblaient inouïs ; cette idée qu'on pouvait imputer à son affection la mort de cet homme qu'elle avait soigné, jours et nuits, l'atterra ; elle étrangla, puis ses larmes qui semblaient taries recoulèrent de plus belle.

Pendant ce temps, le notaire se faisait cette réflexion que ces pleurs ne l'embellissaient pas : ce ventre qui sautait dans la saccade des sanglots lui parut même grotesque.

Cette réflexion ne le disposait pas à la clémence ; cependant, comme le désespoir de la malheureuse augmentait, qu'elle pleurait maintenant à chaudes larmes, la tête entre ses mains, il s'amollissait un peu et s'avouait intérieurement qu'il était peut-être cruel de jeter ainsi une femme sur le pavé, en quelques heures.

Il s'irrita, mécontent de lui ; mécontent tout à la fois de l'action qu'il allait commettre et du semblant de pitié qu'il éprouvait.

Involontairement, il cherchait un argument décisif qui lui rendît cette créature plus odieuse, un argument qui enforcît et justifiât sa dureté, qui le débarrassât du soupçon de malaise qu'il sentait poindre.

Il posa deux questions, mais, trichant avec lui-même afin d'aider à se convaincre et d'obliger la femme à répondre dans le sens qu'il espérait, il plaida le faux pour savoir le vrai.

— En résumé, ma chère enfant, fit-il, je n'ignore pas la façon dont mon petit-fils vous a connue. Certes, cela n'ôte rien à vos mérites, mais permettez-moi de vous le dire, il n'a pas été le premier qui ait défloré ces charmants appas — et il salua galamment de la main — de sorte que, comme nous disons, nous autres hommes de loi, là où il n'y a pas eu de préjudice, il ne saurait y avoir de réparation.

Sophie continuait à pleurer doucement : elle ne répondit point.

Bien, pensa Me Le Ponsart, elle ne proteste pas ; donc, j'ai touché juste ; Jules n'a pas été son premier amant — et d'une...

— En second lieu, reprit-il, vous pensiez bien, n'est-ce pas ? que la situation irrégulière dans laquelle vous viviez avec mon petit-fils ne pouvait durer. D'une façon ou d'une autre, elle se serait rompue. Ou Jules aurait été nommé sous-préfet dans une province et il se serait honorablement et richement marié, ou, pour une cause que l'avenir eût pu seul nous apprendre, il vous eût quittée ou eût été quitté par vous : dans ces deux cas, votre liaison aurait forcément pris fin.

— Non, monsieur, fit elle vivement, en levant la tête, non, Jules ne m'aurait pas abandonnée. Il aurait épousé la mère de son enfant; il me l'a dit, combien de fois!

— Allons donc, mâtine, murmura le notaire, voilà ce que je voulais te faire avouer. Cette fois, ses scrupules se mettaient à couvert; cette fille, qui n'avait même pas l'excuse de s'être livrée vierge à son petit-fils, nourrissait le projet de se marier!

— C'est un comble, se répétait-il; nous aurions eu ce torchon-là dans notre famille! Il resta déconcerté; en une rapide vision, il aperçut Jules amenant cette femme, traversant la localité, toute entière sur ses portes, entrant au milieu de la famille consternée par cette mésalliance; il aperçut cette femme, sans tenue, ne sachant ni manger, ni s'asseoir, lâchant des coq-à-l'âne, compromettant sa situation par le ridicule de sa vie présente et l'infamie de sa vie passée. — Ah bien, nous l'avons échappé belle !

Sa résolution était, du coup, inébranlable.

— Voulez-vous signer, oui ou non, ce reçu ? dit-il, d'un ton bref.

Elle refusa d'un geste.

— Faites bien attention, je vous ouvre une porte de sortie, vous la refusez ; prenez garde que moi-même je ne la ferme.

Puis voyant qu'elle persistait à se taire, il ravala sa colère, se croisa les bras et reprit, d'une voix paterne :

— Croyez-moi, ne soyez pas mauvaise tête ; d'abord, cela ne vous avancerait à rien ; réfléchissez : si vous refusez de signer ce reçu, que va-t-il se passer ? vous allez vous trouver sur le pavé, sans sou ni maille, sans le temps de voùs retourner pour en avoir ; voyons, dans l'intérêt même de ce petit innocent que vous portez dans vos entrailles, ne vous entêtez pas à rejeter cette offre qui est la seule acceptable, car elle concilie les intérêts des deux parties. Allons, un bon mouvement...

Il lui mit le reçu sous le nez.

Elle le repoussa de la main. — Non, je ne signerai pas, nous verrons ; après tout, je veux élever son enfant qui est le mien...

— Demandez-moi tout de suite de le tenir sur les fonts baptismaux et de payer les mois de nourrice, dit Me Le Ponsart qui goguenarda presque, tant cette prétention lui parut baroque ! Mais, ma chère, la recherche de la paternité est interdite, il n'y a pas besoin d'être un grand clerc pour savoir cela. — Eh bien, nous décidons-nous, car le temps me presse ? Pour la seconde et dernière fois, je vous le répète : ou vous êtes la bonne de Jules, auquel cas vous avez droit à une somme de trente-trois francs soixante-quinze centimes ; ou vous êtes sa maîtresse, auquel cas, vous n'avez droit à rien du tout ; choisissez entre ces deux situations celle qui vous semblera la plus avantageuse.

— Et ça s'appelle un dilemme ou je ne m'y connais pas, fit-il très satisfait, en aparté. Il prit son parapluie et son chapeau.

Sophie s'exaspéra. — C'est bien, je vais voir ce qui me reste à faire, cria-t-elle.

— Rien, belle dame, croyez-moi. En attendant, vous avez jusqu'à demain midi pour réfléchir. Passé ce délai, je pars, enlevant les meubles, et je remets la clef du logement au propriétaire ; la nuit porte conseil ; laissez-moi espérer qu'elle vous profitera, et que demain vous serez revenue à des idées plus sages.

Et, poliment il la salua et l'invita ironiquement, la voyant immobile, comme pétrifiée, à ne point se déranger pour le reconduire, et il ouvrit et referma, en homme bien élevé, tout doucement la porte.

IV

Du haut de son comptoir, Mme Champagne aimait à s'écouter parler. Elle était asthmatique et obèse, blanche et bouffie, trop cuite. Dans ses tissus relâchés, des rides se croisaient en tous sens, zébrant le front, lézardant les yeux, lacérant les joues ; ces rides étaient creusées sur sa face, en noir, de même que si la poussière des âges avait pénétré sous la peau et imprégné d'ineffaçables raies, le derme.

Elle était loquace et baguenaudière,

convaincue de son importance, révérée par le quartier qui la réputait influente et juste. Elle était, en effet, la providence des pauvres, rédigeant des placets qu'elle adressait aux grands noms de France qui les accueillaient souvent, sans qu'on sût pourquoi.

En revanche, ses affaires personnelles réussissaient moins ; elle exploitait, rue du Vieux-Colombier, près de la Croix-Rouge, une boutique mal achalandée de papeterie et de journaux, gagnant assez pour ne pas être mise en faillite ; mais elle s'estimait quand même heureuse, car les plus intimes de ses souhaits étaient exaucés, ses penchants au cancanage enfin satisfaits dans ce magasin qui simulait une véritable agence de renseignements, une sorte de petite préfecture de police où, sur des sommiers judiciaires parlés, étaient relatés, à défaut de condamnations et de crimes, les cocuages et les disputes, les emprunts rendus et les dettes inapaisées des ménages.

En tête des pauvresses qu'elle protégeait et recommandait à la charité des grandes dames, figurait Mme Dauriatte, une femme de soixante-huit ans, maigre et voûtée, avec des yeux confits, une bouche vide et rentrée, une mine papelarde. Elle tenait de l'ancienne poseuse de sangsues, mais plus encore de ces mendiantes qui sollicitent la charité sous le porche des églises, et elle les fréquentait, en effet, au mieux avec les prêtres de Saint-Sulpice, vivant d'une dévotion également répartie sur Mme Champagne et sur la Vierge.

Ce jour-là, Mme Dauriatte, assise sur une chaise dans la boutique de la papetière, se lamentait de ses jambes qui refusaient de la porter, de ses pieds envahis par un potager d'oignons, de ses larges pieds cultivés qui nécessitaient le constant usage de bottes munies de poches.

Mme Champagne hochait le chef, en guise de consolante adhésion, quand soudain elle s'écria : — Tiens, mais c'est Sophie ! Ah bien, vrai, elle en a des yeux !

— Où ça ? demanda Mme Dauriatte, en allongeant le cou.

La papetière n'eut pas le temps de répondre ; la porte s'ouvrit dans un choc de timbre, et Sophie Mouveau, les paupières pochées par les larmes, entra et se prit à sangloter devant les deux femmes.

— Voyons, qu'est-ce qu'il y a ? demanda Mme Champagne.

— Faut toujours pas pleurer comme

ça ! fit en même temps Mme Dauriatte.

Elles s'empressèrent autour d'elle, la poussèrent sur un siège, la contraignirent à boire du vulnéraire étendu d'eau afin de la réconforter, et elles profitèrent de l'occasion pour s'adjuger un petit verre. — Nous pouvons tout entendre maintenant, déclara Mme Dauriatte qui se passa le revers de la manche sur la bouche.

Et, harcelée par les deux femmes dont les yeux grésillaient de curiosité, Sophie raconta la scène qui avait eu lieu entre elle et le grand-père de Jules.

Il y eut un moment de silence.

— Vieux mufle, va ! s'écria Mme Dauriatte, laissant échapper par cette injure, comme par une soupape, l'indignation qui pressait sa vieille âme.

Mme Champagne, qui était femme de sang-froid, réfléchissait.

— Et il revient quand? dit-elle enfin à Sophie.

— Demain, avant midi.

Alors la papetière leva un doigt et, ainsi qu'un oracle, proféra cette sentence : Nous n'avons pas de temps à perdre; mais, c'est moi qui te le dis, tu n'as rien à craindre. Tu es enceinte, n'est-ce pas? Eh bien alors la famille te doit une pension alimentaire; je ne suis pas ferrée sur la justice, mais je sais cela; le tout est de ne pas se laisser embobiner. Du reste, aussi vrai que je m'appelle Mme Champagne, je vas lui montrer, moi, à ce vieux crocodile, de quel bois je me chauffe! — Et elle se leva. — Mon chapeau, mon châle, dit-elle à Mme Dauriatte, figée d'admiration. — Elle les mit. — Je vous laisse la boutique en garde jusqu'à tout à l'heure, ma chère; — quant à toi, ma fille, ne t'abîme pas les yeux à pleurer et suis-moi : nous allons à côté, chez mon homme d'affaires.

Devant l'assurance si virilement exprimée par Mme Champagne, Sophie renfonça ses larmes. — C'est un homme très bien, vois-tu, que M. Ballot, disait la papetière, en route; cet homme-là, il ferait suer de l'argent à un vieux mur, puis rien ne l'embarrasse, il sait tout, tu vas voir; c'est là, montons, non, attends que je souffle.

Elles gravirent péniblement les trois étages, s'arrêtèrent devant une porte décorée d'une plaque de cuivre dans laquelle était incrustée en rouge et en noir cette inscription : « Ballot, receveur de rentes, tournez le bouton, s. v. p. » Mme Champagne haletait, couchée sur la rampe ; — c'est-il donc bête d'être grosse comme cela, soupira-t-elle ; puis, elle rejeta précipitamment des bouffées d'air, se moucha, et, la mine recueillie, de même qui si elle fût entrée dans une chapelle, elle ouvrit la porte.

Elles pénétrèrent dans une salle à manger convertie en bureau, dont la fenêtre était obstruée par deux tables en bois peintes en noir, avec des gens courbés dessus, l'un vieux, le crâne garni de duvet de poule; l'autre, jeune, rachitique et velu ; aucun de ces deux employés ne daigna tourner la tête.

— M. Ballot est-il visible ? demanda Mme Champagne.

— Sais pas, fit le vieillard, sans bouger.

— Il est occupé, jeta le jeune homme par dessus son épaule.

— Alors, nous attendrons.

Et Mme Champagne s'empara des chaises qu'on ne lui offrait point. Elles s'assirent, sans parler; Sophie restait, les yeux baissés, incapable de réunir deux idées, mal remise encore du coup asséné, le matin, par le notaire ; la papetière regardait la pièce, meublée de casiers gris, de cartons, de liasses attachées avec des sangles ; ça sentait les bottes mal décrottées, le graillon et l'encre sèche ; à certains instants, un bruit de voix s'entendait derrière une porte à tambour vert, en face de la croisée.

— C'est là qu'est son bureau, dit confidentiellement Mme Champagne à sa protégée que cette intéressante révélation ne désoucia point.

Alors la papetière récola dans sa cervelle les pensées qu'elle délibérait d'émettre ; puis, pour tuer le temps, elle considéra les souliers du vieil employé, leurs tiges déchirées, leurs élastiques tortillés comme des vers, leurs talons gauchis ; elle commençait à s'endormir, quand le tambour vert s'écarta devant l'homme d'affaires qui reconduisit un client jusqu'au palier, avec force salutations, revint et, reconnaissant Mme Champagne, la pria d'entrer.

Les deux femmes, debout, dès qu'il avait paru, le suivirent, sur la pointe des pieds dans son cabinet ; courtoisement, il leur désigna des chaises, se renversa sur son fauteuil d'acajou, en hémicycle, et, jouant nonchalamment avec un énorme coupe-papier en forme de rame, il invita ses clientes à lui faire connaître l'objet de leur visite.

Sophie commença son histoire, mais Mme Champagne parlait en même temps, greffant de ses réflexions personnelles la narration déjà confuse des faits. Fatigué par cet inextricable verbiage, M. Ballot voulut poser les questions, une à une et il supplia Mme Champagne de se taire et de laisser d'abord s'expliquer la personne directement en cause.

— Et vous désirez maintenant..... fit-il après qu'il fut au courant de la situation.

— Mais, nous désirons qu'il lui soit rendu justice, s'écria la papetière qui jugea le moment venu de prendre la parole. La pauvre enfant est enceinte de ce garçon ; lui, il est mort, il ne peut plus rien pour elle, ça c'est clair, mais la famille lui doit, je pense bien, une petite rente, quand ça ne serait que pour payer les mois de nourrice et élever le gosse ! comme c'est des pouacres et des sans-cœur qui lui ont dit qu'ils la mettraient comme ça sur le pavé, demain, je viens savoir ce qu'il y aurait à faire.

— Rien, ma chère Dame.

— Comment, rien ! s'exclama la papetière au comble de la stupeur. — Mais alors, le pauvre monde, il ne serait donc plus protégé ! il y aurait donc des gens qui pourraient mettre les autres sur la paille, quand ça leur dirait !

M. Ballot haussa les épaules. — Le logement était au nom du défunt, les meubles aussi, n'est-ce pas ? bon ; — d'autre part, M. Jules a des héritiers, eh bien, ces héritiers ont le droit d'agir, dans l'espèce, ainsi que bon leur semble ! Quant à cet enfant posthume qui vous paraît créer des titres à Mademoiselle, c'est une pure et simple erreur ; rien, absolument rien, vous m'entendez, ne peut les forcer à reconnaître que la paternité de cet enfant appartient à M. Jules.

— Si c'est Dieu possible ! étouffa Mme Champagne.

— C'est ainsi ; le Code est là et il est formel, dit l'homme d'affaires, en souriant.

— Ah bien, il est propre, votre Code ! je me demande ce qu'il y a dedans, moi, si des situations comme celles de Sophie n'y sont pas réglées !

— Mais si, elles sont réglées, ma bonne dame Champagne, et la preuve est qu'il est interdit à Mademoiselle de réclamer quoi que ce soit par les voies légales.

— Viens, viens, ma fille, cria la papetière qui s'exaspérait. Elle se leva. — On voit bien que les lois sont fabriquées par les hommes ; tout pour eux, rien pour nous ; je lui arracherais les yeux, moi, au grand-père de Jules, si je le tenais ; ce serait toujours autant de fait ! — Et, poussée à bout par le rire narquois de M. Ballot, Mme Champagne perdit complètement la tête et affirma que si jamais un homme se permettait envers elle des abominations de la sorte, elle se vengerait, coûte que coûte, quitte à passer en Cour d'assises; ajouta, du reste, qu'elle se fichait, comme de Colin-Tampon, de la police, des prisons, des juges, divagua pendant dix bonnes minutes, excitée par M. Ballot qui, ne voyant aucun profit à tirer de cette affaire, s'amusait pour son propre compte, très sympathique au fond à ce notaire de province dont il appréciait, en connaisseur, l'adroit dilemme.

Quant à Sophie, elle demeurait immobile, clouée debout, les yeux fixes. Depuis le matin, cette pensée qu'elle allait rôder, sans argent, sans domicile, jetée comme un chien dehors, s'était émoussée; à cette souffrance précise et aiguë, avait succédé une désolation vague, presque douce ; elle dormait tout éveillée, incapable de réagir contre cet alanguissement qui la berçait. Elle ne pleurait plus, se résignait, s'abandonnait à Mme Champagne, remettant son sort entre ses mains, se désintéressant même de sa propre personne, s'apitoyant avec la papetière sur le malheur d'une femme qui la touchait de très près, mais qui n'était plus absolument elle.

Ne comprenant pas cet amollissement, cette indifférence hébétée, qui résulte de l'excès même des larmes, Mme Champagne s'agaça.

— Mais remue-toi donc, dit-elle ; joue donc pas ainsi les chiffes ! — usant, dans cette exclamation, son reste de colère ; puis elle se remit un peu et, plus d'aplomb, s'adressa à l'agent d'affaires.

— Alors, Monsieur Ballot, c'est tout ce que vous pouvez nous dire ?

— Hélas ! oui, ma brave dame ; je regrette de ne pouvoir vous assister dans cette épreuve, et il les poussa poliment vers la porte, protestant d'ailleurs de son dévouement, assurant Mme Champagne, en particulier, de sa haute estime.

Elles se retrouvèrent, anéanties, dans la boutique. Ce fut alors au tour de Mme Dauriatte de s'emporter.— Mme Champagne gisait, dans son comptoir, la tête dans les mains, secouée de temps à autre par les vociférations de sa vieille amie dont l'intelligence fut, ce jour-là, plus spécialement incohérente. A propos de Sophie, elle en vint, sans transition raisonnable, à parler d'elle-même, à retracer la vie de feu Dauriatte, son mari, un homme dont elle avait ignoré ou oublié la position sociale ; car si elle se rappelait qu'il portait de l'or sur ses habits, elle ne pouvait dire au juste s'il avait été maréchal de France ou tambour-major, vendeur de pâte à rasoir ou suisse.

Cette douche d'histoires endormit la papetière que les émotions avaient brisée ; une cliente qui marchanda des plumes la réveilla.

Elle s'étira et songea au dîner ; l'heure s'avançait ; on convint que Mme Dauriatte irait chercher aux « Dix-huit Marmites, » une gargote située rue du Dragon, près de la Croix-Rouge, deux potages et deux parts de gigot, pour trois. — Je vais moudre le café, tandis que vous achèterez des provisions, conclut Mme Champagne, et pendant ce temps Sophie mettra le couvert.

Vingt minutes après, elles étaient installées dans l'arrière-boutique, exclusivement meublée d'une table ronde, d'une fontaine, d'un petit fourneau et de trois chaises.

Sophie ne pouvait avaler ; les morceaux lui bouchaient la gorge.

— Allons, ma belle, disait Mme Dauriatte, qui mangeait ainsi qu'un ogre, il faut vous forcer un peu.

Mais la jeune fille secouait la tête, donnant à Titi, le petit chien-loup de la papetière, la viande qui se figeait dans son assiette.

Et comme Mme Dauriatte insistait :

— Laissez-la, le chagrin nourrit, attesta judicieusement Mme Champagne qui n'ayant, elle aussi, ce soir-là, aucun appétit, s'alimentait du moins avec des verres remplis d'un liquide rouge.

Mme Dauriatte opina du bonnet, mais ne souffla mot, car elle avait des joues telles que des balles ; et des rigoles de jus serpentaient jusqu'à son menton, tant elle se hâtait à torcher les plats.

— Voyons maintenant, fit la papetière qui éteignit sa lampe à esprit de bois et versa l'eau chaude sur le café, — voyons, parlons peu, mais parlons bien : Sophie, comment allez-vous faire demain ?

La jeune fille eut un geste douloureux d'épaules.

— Il faudrait peut-être aller voir le propriétaire, hasarda Mme Champagne, et lui demander un répit de quelques jours.

— Oh ! c'est des bourgeois ! ils s'entendent toujours entre eux contre le pauvre monde ! laissa échapper, dans une confuse lueur de bon sens, Mme Dauriatte.

— Le fait est que le vieux lui a certainement rendu visite, afin de pouvoir emporter demain les meubles, murmura Mme Champagne ; il est même bien capable de lui avoir donné de l'argent pour qu'il vous expulse. — Oh ! les sans-cœur ! — Eh bien, moi, c'est égal, je m'empêcherais, malgré toutes leurs lois, d'être ainsi fichue dehors ; non, vrai, là, ils seraient trop contents !

Elle s'arrêta net, regardant Sophie qui buvait son café, goutte à goutte, avec sa petite cuiller, et elle s'écria :

— Bois pas comme ça, ma fille, ça donne des vents !

Puis elle demeura, pendant une seconde, absorbée, cherchant à relier le fil de ses idées interrompu par ce conseil ; n'y parvenant pas : — Suffit, reprit-elle ; ce que je voulais te dire, en somme, c'est que quand il y en a pour deux, il y en a pour trois ; j'ai pas le sou, ma fille, mais ça ne fait rien ; si l'on te chasse, tu viendras ici et t'auras, en attendant, le vivre et la niche.

Soudain une nouvelle idée lui germa dans la cervelle.

— Tiens mais... comme tu n'es pas très débrouillarde, si demain c'était moi qui parlais à ta place au grand-père de Jules ; peut-être qu'en le raisonnant j'obtiendrais qu'il t'indemnise.

Sophie accepta avec empressement.

—Ah ! madame Champagne, que vous êtes donc bonne, fit-elle, en l'embrassant ; moi, toute seule, je ne m'en serais jamais tirée.

Ce fut dans la sombreur de sa détresse un jet de lumière. Persuadée de la haute intelligence de la papetière, convaincue de sa parfaite éducation, elle n'hésitait pas à croire que sa présence lui serait préventive et propice ; elle se rendait justice à elle-même, s'avouait peu compréhensive, peu adroite. Quand elle avait quitté son pays, un petit village près de Beauvais, elle ne savait rien, n'avait reçu aucune éducation de ses père et mère qui la rouaient simplement de coups. Son histoire était des plus banales. Traquée par le fils d'un riche fermier et lâchée aussitôt après le carnage saignant d'un viol, elle avait été à moitié assommée par son père qui lui reprochait de n'avoir pas su se faire épouser ; elle s'était enfuie et s'était placée, en qualité de bonne d'enfant, à Paris, dans une famille bourgeoise qui la laissait à peu près crever de faim.

Par hasard, Jules la rencontra ; il s'amouracha de cette belle fille fraîche qui témoignait, à défaut d'éducation, d'un caractère aimant et d'un certain tact. Habituée aux rebuffades, elle s'éprit à son tour de ce jeune homme timide et un peu gauche qui la dorlotait au lieu de la commander; joyeusement, elle accepta la proposition de vivre avec lui. Leur ménage n'avait cessé d'être heureux; elle, attentive à plaire à son amant, se dégrossissait, abandonnait peu à peu la quiétude de ses pataquès, savait à propos se taire; lui, qui détestait les bals, les cafés, les filles délurées devant lesquelles il perdait toute contenance, était satisfait de rester dans sa chambre près d'une femme dont la douceur un peu moutonnière l'enhardissait, en le mettant à l'aise; puis le jour était venu où elle s'était sentie enceinte, et l'enfant avait été bravement accepté par Jules, flatté à son âge de contracter déjà de sérieuses charges.

Tout à coup, sans qu'on sût comment, le jeune homme était tombé gravement malade. Alors le gai train-train de la vie commune avait cessé. En sus des inquiétudes, des tourments que lui inspirait cette maladie, la probable arrivée du père de Jules l'épouvantait. Elle s'était ingéniée à retarder sinon à parer cette menace ; comme son amant envoyait toujours son linge sale, en caisse, chez son père, elle avait dû porter les chaussettes et les chemises empesées d'homme pour les salir avant de les expédier à la campagne ; ce subterfuge avait d'abord réussi, mais bientôt M. Lambois, surpris de ne plus recevoir de lettres régulières de son fils, s'était plaint ; le malade avait réuni ses forces pour gribouiller quelques lignes dont la divaguante incertitude changeait en alarme l'étonnement du père ; d'autre part, le médecin, jugeant son client perdu, avait cru nécessaire de prévenir la famille, et M. Lambois était aussitôt arrivé.

Elle s'était renfermée dans la cuisine, se bornant à un rôle effacé de bonne, préparant les tisanes, ne desserrant pas les lèvres, affectant, malgré les sanglots qui lui montaient dans la gorge, l'indifférence d'une domestique contemporaine devant le moribond qu'elle mangeait de caresses, dès que le père retournait à son hôtel.

Mais, si bonasse, si simple qu'elle fût, elle comprenait bien, tout en ignorant les aveux et les recommandations du médecin au père, que celui-ci n'était point dupe de son manège. Au reste, mille détails trahissaient le concubinage dans ce logement : le matelas enlevé du lit et installé sur le parquet de la salle à manger, le logis dénué de chambre de bonne, l'unique cuvette, les deux brosses à dents dans le même verre, le seul pot de pommade, en permanence sur la toilette. Elle avait eu la précaution d'enlever ses robes de l'armoire à glace ; mais elle n'avait d'abord pas songé aux autres indices, tant cette subite arrivée du père lui troublait la tête; peu à peu, elle s'aperçut de ses oublis, s'efforça, dans sa maladresse, de cacher les objets compromettants, ne s'imaginant pas qu'elle eût dissipé, par ce soin même, les derniers doutes de M. Lambois.

Lui, avait été on ne peut plus digne. Il acceptait les soins de Sophie, se faisait, économiquement, préparer son dîner par elle, et il daignait même la complimenter de certains plats.

Jamais, il n'avait lancé une allusion au rôle joué par cette femme ; après la mort de son fils seulement, il permit d'entendre qu'il connaissait la vérité, car il remit à Sophie une photographie d'elle qu'il avait trouvée dans l'un des tiroirs entrebâillés du bureau, en lui disant : Mademoiselle, je vous restitue ce portrait dont la place ne saurait plus être désormais dans ce meuble. — Et, dans le tracas d'un enterrement, d'un transport de corps en province, il l'avait en quelque sorte oubliée, ne lui envoyant ni argent, ni nouvelles.

Depuis ce jour, elle avait vécu dans un état voisin de l'hébétude, pleurant toutes les larmes de ses yeux sur son pauvre Jules, malade de fatigue et tourmentée par sa grossesse, vivant avec quelques sous par jour, espérant encore que le père de son amant lui viendrait en aide. Puis, à bout de ressources, elle lui avait écrit une lettre, vivant, l'oreille au guet, dans l'espoir d'une réponse qui n'arriva pas et à laquelle suppléa la visite du terrible vieillard qui la chassait.

Enfin, la chance lui souriait tout de même maintenant un peu ; Mme Champagne qu'elle avait connue, en achetant des journaux et de l'encre et en se livrant chez elle à une causette quotidienne, le matin, lorsqu'elle se rendait au marché, consentait à la secourir. Outre qu'elle avait une langue alerte et bien pendue et une grande habitude du monde, songeait Sophie, c'était une femme établie, une commerçante qui avait été réellement mariée. Ce n'était plus une pauvre fille comme elle-même, qu'on pouvait rabrouer parce qu'elle était sans situation honorable, sans défense, que le notaire allait avoir à combattre ; sautant d'un extrême à l'autre, du morne accablement au vif espoir, Sophie était certaine que sa misère était sur le point de prendre fin, et Mme Dauriatte, par platitude, exprima tout haut ce que la jeune fille pensait tout bas.

— Votre affaire est dans le sac, ma petite, parce que, voyez-vous, entre gens qui ont des positions convenables, on s'entend toujours ; elle ajouta qu'on s'était sans doute exagéré les menaces de ce notaire qui, en raison même de ses richesses qu'elle se figura tout à coup, sans qu'on sût pourquoi, incalculables, ne pouvait pas être un mauvais homme ; et, de bonne foi, maintenant, par suite de cette fortune notariale qu'elle évoquait, Mme Dauriatte fut prise d'une immense considération pour ce vieillard qu'elle avait jusqu'alors si durement honni. . . . . . .

De son côté, Mme Champagne ne laissait point que d'éprouver un certain orgueil à l'idée qu'elle parlerait à ce monsieur respectable, qu'elle discuterait en femme du monde avec lui; puis, cette mission l'investissait à ses propres yeux d'une grande importance. Quel sujet de conversation pendant des mois! quel prestige dans le quartier qui louerait son bon cœur, vantерait son ingéniosité diplomatique, clabauderait à perte de vue sur son comme il faut! Elle se perdait dans ce rêve, souriait béatement, apprêtant déjà sur sa bouche, pour le lendemain, d'heureux effets de cul de poule.

— Il n'est pas décoré? dit-elle tout à coup à Sophie. La jeune fille ne se rappela pas avoir vu du rouge sur l'habit de cet homme. La papetière en fut fâchée, car l'entrevue eût été plus auguste, mais elle se consola, en se répétant que, jamais dans sa vie, pareille occasion ne s'était présentée de montrer ainsi ses talents et de déployer ses grâces.

A la tristesse du premier moment avait succédé dans la boutique une expansion de joie. — Allons, un petit verre, ma belle, proposa Mme Champagne à Sophie. — Et vous ? ma chère, dit-elle à Mme Dauriatte. Celle-ci ne se fit pas prier ; elle tendit sa tasse, ne la retirant point, espérant peut-être qu'on la remplirait jusqu'au bord ; mais la papetière lui versa la valeur d'un dé à coudre, et elles trinquèrent toutes les trois, se souhaitant ensemble longue santé et heureuse chance.

Quand l'heure vint de clore les volets, Sophie réconfortée, presque tranquille après tant de sursauts, ne doutait plus du succès de l'entreprise, supputait déjà le chiffre de la somme qu'elle obtiendrait et, d'avance, la divisait en plusieurs parts : tant pour la sage-femme, tant pour la nourrice, tant pour elle-même, en attendant qu'elle se procurât une place.

— Tu feras bien de mettre aussi un peu de côté pour les cas imprévus, recommanda sagement Mme Champagne, et elles rirent, pensant que la vie avait du bon ; Titi, le chien, que cette joie électrisait, jappa, sauta ainsi qu'un cabri sur la table, accrut encore l'hilarité, en balayant avec le plumeau de sa queue la face réjouie des trois femmes.

— Une idée ! s'exclama subitement Mme Dauriatte.

Elle se leva, chercha un vieux jeu de cartes et commença une réussite. — Tu vas voir, ma fille, que demain t'auras de la veine ; coupe, non, de la main gauche, parce que tu n'es pas mariée. — Et elle tirait trois cartes à la fois, examinait si deux d'entre elles appartenaient à la même série et, dans ce cas, gardait et rangeait sur la table celle qui était la plus rapprochée de son pouce.

— T'es la dame de trèfle, vois-tu, car t'es brune, et la dame de pique est bien brune aussi, mais elle ne peut être qu'une veuve ou qu'une méchante femme ; ce qui ne serait pas vrai pour toi.

Elle épuisa de la sorte, trois fois, le jeu de trente-deux cartes, en rejetant une partie, dans sa jupe, à chaque coup ; il restait sur la table dix-sept cartes, l'indispensable nombre impair ; et elle comptait maintenant avec ses doigts, allant, de droite à gauche, à partir de son héroïne, la dame de trèfle ; une, deux, trois, quatre, cinq, s'arrêtant sur cette dernière carte. Un neuf de trèfle ! s'écria-t-elle triomphalement, c'est de l'argent. Une, deux, trois, quatre, cinq, qui sera donné par ce Roi, un homme sérieux. Un, deux, trois, quatre, cinq...

— Six ! levez la chemise ; sept, huit, neuf, tapez comme un bœuf ! ajouta Mme Champagne.

Mais, toute entière à sa réussite, Mme Dauriatte ne daigna point relever cette puérile interruption.

— Cinq ! reprit-elle, un neuf de carreau, c'est des papiers, à côté de ce Roi de trèfle, qui est un homme de loi. Ça y est ! Tu peux dormir en paix sur tes deux oreilles, ton sort est bon.

— Et demain, il fera jour, jeta Mme Champagne qui rafla toutes les cartes d'un tour de main ; allons coucher, car il faudra être prête de bonne heure ! Elle serra la main de Mme Dauriatte qui promit de la remplacer aussitôt qu'on ouvrirait la boutique, et, embrassant Sophie sur les deux joues, elle lui recommanda de nettoyer son ménage, de s'habiller, de se mettre sous les armes, dès le matin. Elle-même, émue comme à la veille d'une partie de fête, songea qu'elle s'ornerait de tous ses bijoux, qu'elle revêtirait sa robe d'apparat, afin d'être à la hauteur des circonstances et d'en imposer à ce notaire qui ne pourrait certainement qu'être flatté de trouver une telle compagnie disposée à le recevoir.

V

A son âge ! — Avoir été la dupe d'une fille raccolée chez Peters ! Me Le Ponsart regrettait sa méprise, cette poussée incompréhensible, ce mouvement irraisonné qui l'avait, en quelque sorte, forcé à offrir des consommations à cette femme et à l'accompagner jusque chez elle.

Il n'avait pourtant eu la tête égayée par aucun vin ; cette drôlesse était venue se placer à sa table, avait causé avec lui de choses et autres, non sans qu'il l'eût loyalement prévenue qu'elle perdait son temps ; puis des messieurs étaient entrés qui l'avaient saluée et auxquels elle avait tendu la main et parlé bas. De ce fait sans importance était peut-être issue, souterrainement, l'instinctive résolution de la posséder ; peut-être y avait-il eu là une question de préséance, un entêtement d'homme arrivé le premier et tenant à conserver sa place, un certain dépit de se trouver en concurrence avec des gens plus jeunes, un certain amour-propre de vieux barbon sollicitant de la fille, à prix même supérieur, une quasi-préférence ; — mais non, rien de tout cela n'était vrai ; il y avait eu une impulsion irrésistible, un agissement indépendant de sa volonté, car il n'était féru d'aucun désir charnel et le physique même de cette femme ne répondait à aucun de ses souhaits ; d'autre part, le temps était sec et froid, et Me Le Ponsart ne pouvait invoquer à l'appui de sa lâcheté l'influence de ces chaleurs lourdes ou de ces ciels mous et pluvieux qui énervent l'homme et le livrent presque sans défense aux femmes en chasse. Tout bien considéré, cette aventure demeurait incompréhensible.

En voiture, le long du chemin, il se disait qu'il était ridicule, que cette rencontre était niaise, fertile en carottes et en déboires ; et il se sentait sans force pour quitter cette fille qu'il suivait machinalement, mu par ce bizarre sortilège que connaissent les gens attardés, le soir, et qu'aucune psychologie n'explique.

Il s'était même retourné l'épingle dans la plaie, se répétant : « Si l'on me voyait ! j'ai l'air d'un vieux polisson ! » — murmurant, tandis qu'il payait le cocher et que la femme sonnait à sa porte : « Voilà l'ennui qui commence ; elle va me proposer de me tenir par la main pour que je ne me casse pas le cou dans l'obscurité sur les marches et, une fois dans la chambre, la mendicité commencera ! Bon Dieu ! faut-il que je sois bête ! » — Et il était quand même monté et tout s'était passé ainsi qu'il l'avait prévu.

Il avait cependant éprouvé un certain dédommagement des tristesses conçues d'avance. Le logis était meublé avec un luxe dont le mauvais goût lui échappait. La cheminée enveloppée de rideaux en faux brocart, les chenets à boules fleurdelysées, la pendule et les appliques en jeune cuivre, munies de bougies roses que la chaleur avait courbées, les divans recouverts de guipures au crochet, le mobilier en thuya et palissandre, le lit debout dans la chambre à coucher, les consoles parées de marmousets en faux saxe, de verreries de foire, de statuettes de Grévin, lui semblèrent déceler une apéritive élégance et un langoureux confort. Il regarda complaisamment la pendule arrêtée pendant que la femme se débarrassait de son chapeau.

Elle se tourna vers lui et parla d'affaires.

Le notaire tressaillit, lâchant, un à un, des louis que la praticienne lui extirpait tranquillement par d'insinuants et d'impérieux appels, se consolant un peu de sa faiblesse de vieillard assis tardivement chez une fille, par la vue du corsage qu'il jugeait rigide et tiède et des bas de soie rouges qui lui paraissaient crépiter, aux lueurs des bougies, sur des mollets pleins et des cuisses fermes.

Afin d'accélérer la vendange de sa bourse, la femme se campa sur ses genoux.

— Je suis lourde, hein ?

Bien que ses jambes pliassent, il affirma poliment le contraire, s'efforçant de se persuader, du reste, pour s'égayer, que cette pesanteur ne pouvait être attribuée qu'aux solides et copieuses charnures qu'il épiait, mais plus que cette perspective de pouvoir les brasser, tout à l'heure, à l'aise, le calcul de ses déboursés, la constatation raisonnée de sa sottise et l'inexplicable impossibilité de s'y soustraire, le dominaient et finissaient par le glacer.

Avec cela, la femme devenait insatiable ; sous la problématique assurance d'idéales caresses, elle insistait de nouveau pour qu'il ajoutât un louis à ceux qu'il avait déjà cédés. La niaiserie même de ses propos, de ses noms d'amitié de « mon gros loulou, » de « mon chéri, » de « mon petit homme, » achevait de consterner le vieillard engourdi, dont la lucidité doutait de la véracité de cette promesse qui accompagnait les réquisitions : « Voyons, laisse-toi faire, je serai bien gentille, tu verras que tu seras content. »

De guerre lasse, convaincu que les imminents plaisirs qu'elle annonçait seraient des plus médiocres, il souhaitait ardemment qu'ils fussent consommés pour prendre la fuite.

Ce désir acheva de vaincre sa résistance et il se laissa complètement dépouiller. . . . .

Alors, elle l'invita à enlever son par-dessus, à se mettre à l'aise. Elle-même se déshabillait, enlevant ceux de ses vêtements qu'elle eût pu froisser. Il s'approcha, mais hélas ! cet embonpoint qui l'avait un peu désaffligé était à la fois factice et blet ! — Elle aggrava cette dernière désillusion par tout ce qu'une femme peut apporter de mauvaise grâce au lit, prétendant se désintéresser de ses préférences, lui repoussant la tête, grognant : Non, laisse, tu me fatigues ; puis, alors qu'il s'agissait de lui, répondant avec une moue méprisante et sèche : « Qu'il s'était trompé s'il l'avait prise pour une femme à ça. »

Il poussa un soupir d'allégement en gagnant la porte. Ah ! pour avoir été volé, il avait été bien volé ! — Et le sang lui empourprait la face, alors qu'il se rappelait les détails grincheux de cette scène.

Puis, cet argent si malencontreusement extorqué l'étouffait. Il arrivait à se représenter les choses utiles qu'il aurait pu se procurer avec la même somme.

Il méditait cette réflexion stérile des gens grugés : qu'on se prive d'acheter un objet plaisant ou commode par économie, alors qu'on n'hésite pas à dépenser le prix qu'eût coûté cet objet, dans un intérêt infructueux et bête.

— Ah ! toi,... je te conseille de filer doux, conclut-il, songeant à la maîtresse de son petit-fils, confondant dans une même réprobation les deux femmes.

Il sourit pourtant, car il était certain de juguler Sophie Mouveau, d'exercer impunément des représailles, de se venger sur elle des déboires infligés par la cupidité de son sexe. Le propriétaire, enchanté de rentrer en possession immédiate de son logement, s'était, — après avoir, du reste, en sa qualité de père de famille, exprimé quelques idées sans imprévu sur les dangers du libertinage et la profonde corruption du siècle, — montré tout disposé à seconder le notaire dans ses entreprises, et le concierge s'était respectueusement incliné, alors que Me Le Ponsart lui avait exhibé l'ordre de laisser déménager les meubles, d'aider au besoin à l'expulsion de la femme et de garder la clef; deux pièces de cent sous, glissées dans la main, avaient même amolli sa mine et détendu la rigidité luthérienne de son port. Trente-trois francs soixante-quinze et dix francs font quarante-trois francs soixante-quinze, pensait le notaire; c'est bien le chiffre que j'ai annoncé à mon vieux Lambois, une cinquantaine de francs au plus.

Toutes ses précautions étaient prises : les déménageurs devaient se trouver à midi précis devant la porte, descendre le mobilier, l'expédier par chemin de fer, dans la voiture même, posée, sans roues, à plat sur un camion de marchandises, jusqu'à Bauchamp.

Une seule question demeurait encore pendante : Sophie paraissait à Mᵉ Le Ponsart singulièrement retorse. Ce silence où elle se confinait le plus possible, ce système ininterrompu de pleurs interloquaient le notaire qui attribuait à la finesse le profond désarroi et la sottise accablée de cette fille. Il était absolument persuadé que cette larmoyante stupeur cachait une embuscade et la crainte qu'elle ne vînt scandaliser Bauchamp par sa présence ne le quittait plus. Après mûre délibération, il s'était déterminé à recourir aux bons offices de son ancien ami, le commissaire de police, s'était abouché, grâce à lui, avec son collègue du VIe arrondissement, et avait obtenu qu'on menaçât tout au moins la femme des rigueurs de la justice, si elle ne consentait pas à rester tranquille.

— Allons, il est temps d'achever la petite partie commencée et d'emballer rondement la donzelle, se dit M^e Le Ponsart, en consultant sa montre. Et il s'achemina vers la rue du Four, se consolant de ses ennuis, par la pensée qu'il prendrait le train, le soir, et rentrerait enfin dans ses pantoufles.

Le concierge baisa presque ses propres pieds, tant il se courba, dès qu'il l'aperçut. M^e Le Ponsart monta, s'arrêta dans le couloir, et, naturellement, sans y songer, il substitua au coup poli, discret, dont il avait, la veille, toqué la porte, un coup impérieux et bref.

Il demeura surpris quand il eut pénétré, à la suite de Sophie, dans la chambre, de rencontrer une grosse dame.

Cette dame se souleva, esquissa une révérence et se rassit. Qu'est-ce que c'est que cela ? se dit-il, en regardant cette bedonnante personne, serrée à voler en éclats dans une robe d'un outremer atroce, sur le corsage de laquelle tombaient les trois étages d'un menton en beurre.

En voyant les perles de corail rose qui coulaient des lobes cramoisis des oreilles et une croix de Jeannette qui pantelait sous le va-et-vient d'une océanique gorge, il pensa que cette vieille dame était une harengère, vêtue de ses habits de fête.

Très méprisant, il détourna les yeux

et les reporta sur la jeune fille : alors il fronça le sourcil. Elle était, elle aussi, en grande toilette, parée de tous les bijoux que Jules lui avait donnés, et, ainsi pomponnée, les seins bien lignés par le corsage, les hanches bien suivies par la jupe de cachemire, elle était charmante. Malheureusement pour elle, cette beauté et ce costume qui eussent sans doute attendri le vieillard, la veille, l'irritèrent par le souvenir qu'ils évoquaient d'une soirée maudite. La malechance s'en mêlait ; la tenue débraillée de Sophie qui l'avait répugné, lors de sa première visite, était la seule qui eût pu l'adoucir aujourd'hui.

De même que, pour la première fois, ses cheveux emmêlés sur le front l'avaient induit à être brutal, de même aussi sa chevelure soigneusement peignée l'incitait à être cruel.

D'un ton dur, il lui demanda si elle était décidée à signer le reçu.

— Mon Dieu ! Monsieur, dit la grosse dame qui intervint, permettez-moi de faire appel à votre bon cœur; comme vous voyez, la pauvre enfant est toute ébaubie de ce qui lui arrive... elle ne sait pas..., moi, je l'ai assurée que vous ne la laisseriez pas, comme ça, dans la peine. Sophie, que je lui ai dit, Monsieur Ponsart est un homme qui a reçu de l'éducation ; avec ces gens-là qui ont de la justice, tu n'as rien à craindre. Hein ? dis, c'est-il vrai que je t'ai dit cela ?

— Pardon, Madame, fit le notaire, mais je serais heureux de savoir à qui j'ai l'honneur de parler.

La grosse dame se leva et s'inclina.

— Je suis madame Champagne, c'est moi qui tiens la maison de papeterie au numéro 4. M. Champagne, mon mari...

Me Le Ponsart lui coupa la parole d'un geste et du ton le plus sec :

— Vous êtes sans doute parente de Mademoiselle ?

— Non, monsieur, mais c'est tout comme ; je suis, comme qui dirait, sa mère.

— Alors, Madame, vous n'avez rien à voir dans la question qui nous occupe, permettez-moi devous le dire; c'est donc à Mademoiselle seule que je continuerai d'avoir à faire. — Il tira sa montre. — Dans cinq minutes, les déménageurs seront ici, et je ne sortirai de ce logement, je vous en préviens, que la clef en poche. En conséquence, je ne puis, Mademoiselle, que vous inviter à préparer un paquet des objets qui vous appartiennent et à me faire décidément connaître si, oui ou non, vous acceptez les propositions que je vous ai soumises.

— Oh ! Monsieur ! c'est-il Dieu possible ! soupira Mme Champagne atterée.

M^{e} Le Ponsart la fixa de son œil d'étain et elle perdit son peu d'assurance. Du reste, cette femme, d'habitude si loquace et si hardie, semblait, ce matin-là, privée de ses moyens, dénuée d'audace.

Et en effet, l'un de ces irréparables malheurs qu'on croirait s'abattre de préférence, aux moments douloureux, sur les gens pauvres, lui était survenu, dès le lever.

Mme Champagne possédait, en haut de la bouche, sur le devant, deux fausses dents qu'elle enlevait, chaque soir, et déposait dans un verre d'eau. Ce matin-là, elle avait commis l'imprudence de tirer ce bout de ratelier de l'eau et de le placer sur le marbre de sa table de nuit où Titi, le chien, l'avait happé, s'imaginant sans doute que c'était un os.

La papetière s'était presque évanouie, en lui voyant ainsi broyer le vulcanite, le faux ivoire, les attaches, tout l'appareil. Depuis ce moment, elle pinçait les lèvres de peur de laisser voir les brèches de sa mâchoire, parlait en crachotant de côté, était anéantie par cette idée fixe qu'elle n'avait pas l'argent nécessaire pour combler ses trous. Cette absorbante préoccupation à laquelle se joignait la peur de montrer au notaire les créneaux pratiqués dans ses gencives paralysait ses facultés, la rendait idiote.

La sécheresse de ce vieillard, son verbe impérieux, le mépris dans lequel il ne cessait de la tenir malgré ses frais de toilette achevèrent de la glacer, d'autant qu'elle n'avait même pas douté, un seul instant, d'un accueil sympathique, d'une discussion amiable, d'un assaut de courtoisies réciproques.

— Vous m'avez compris, n'est-ce pas? ajouta Me Le Ponsart, s'adressant à Sophie interdite.

Elle éclata en sanglots et Mme Champagne, bouleversée, oublia sa bouche, se précipita vers la jeune fille qu'elle embrassa, en la consolant avec des larmes.

Cette explosion crispa le notaire; mais il eut soudain un sourire de triomphe: des pas de rouliers ébranlaient enfin les marches, au dehors. Un coup de poing s'abattit sur la porte qui roula ainsi qu'un tambour.

Le notaire ouvrit; des déménageurs déjà ivres emplirent les pièces.

— Tiens, dit l'un, v'la la bourgeoise qui tourne de l'œil.

— Bien, vrai, je sais pas si elle est

pleine, fit un autre, en lui regardant le ventre, et il s'avança, l'œil gai, pour prendre dans ses bras Sophie qui s'affaissait sur une chaise.

Mme Champagne écarta d'un geste ces pandours.

— De l'eau ! de l'eau ! cria-t-elle, affolée, tournant sur elle-même.

— Ne vous occupez pas de cela et dépêchons, dit Me Le Ponsart aux hommes ; — je me charge de Mademoiselle ; et pas de comédie, n'est-ce pas ? fit-il, marchant, exaspéré, sur la papetière dont il pétrit nerveusement le bras ; — allons, triez ses affaires et vite, ou moi j'emballe, au hasard, le tout, sans plus tarder.

Et il décrocha, lui-même, des jupons et des camisoles pendus à une patère et les jeta dans un coin, tandis que Mme Champagne finissait de frotter, en pleurant, les tempes de la jeune fille.

Celle-ci revint à elle et alors, pendant que les hommes emportaient les meubles, sous l'œil vigilant du notaire qui surveillait maintenant la descente, Mme Champagne comprenant que la partie était perdue, tenta de sauver la dernière carte.

— Monsieur, dit-elle, rejoignant Me Le Ponsart sur le palier, un mot, s'il vous plaît.

— Soit.

— Monsieur, puisque vous êtes sans pitié pour Sophie qui s'est tuée à soigner votre petit-fils, dit-elle d'une voix suppliante et basse, laissez-moi au moins faire appel à votre esprit de justice. Si vous voulez, ainsi que vous le dites, considérer Sophie comme une bonne, pensez alors qu'elle n'a pas touché de gages tant qu'elle a été chez M. Jules, et payez-lui les mois qu'elle a passés chez lui, afin qu'elle puisse accoucher chez une sage-femme et mettre l'enfant en nourrice.

Le notaire eut un haut-le-corps; puis un rire narquois lui rida la bouche.

— Madame, fit-il, avec un salut cérémonieux, je suis au désespoir de ne pouvoir accueillir la requête que vous m'adressez; et cela, mon Dieu, par une raison bien simple : c'est que vous ne ferez croire à personne qu'une bonne soit restée dans une maison où son maître ne la payait pas. Mademoiselle a donc, selon moi, par ce fait seul qu'elle n'a pas quitté sa place, incontestablement touché, chaque mois, son dû; j'ajouterai qu'on ne demande pas de reçus à une bonne, et que, par conséquent, de l'absence de ces reçus, l'on ne saurait inférer que Mademoiselle demeure créancière de la succession de M. Jules. J'en reviens donc, et pour la dernière fois, Madame, car je suis las à la fin de répéter toujours la même chose, à inviter Mlle Sophie à liquider sa situation, en signant, par dérogation cependant à la règle que j'ai posée, le présent reçu. En échange, je lui paierai la somme à laquelle je veux bien admettre qu'elle ait droit.

— Mais c'est une infamie, Monsieur, une lâcheté, un vol, s'écria Mme Champagne, jetée hors d'elle.

M^e Le Ponsart pirouetta et lui tourna le dos, sans même daigner répondre à ces violences.

— Quant à vous, fichez-moi la paix, dit-il, sur le palier, aux déménageurs qui tentaient de lui carotter un nouveau litre ; et il rentra dans le logis, l'œil froncé, les mains derrière le dos.

Une sourde colère l'agitait ; l'intrusion de la papetière dans une question où elle n'avait, suivant lui, aucun motif de s'immiscer, avait enforci ses résolutions sur lesquelles appuyaient encore la hâte d'en finir, l'envie de quitter ce Paris qui lui était, depuis la veille, odieux, le désir de regagner au plus vite son chez soi, par un train de nuit. Puis, il s'entêtait à ne pas dépasser ce chiffre de cinquante francs qu'il avait fixé comme maximum à M. Lambois ; il se faisait un point d'honneur de justifier ses prévisions, de montrer, une fois de plus, combien il était un homme précis quand il s'agissait d'affaires ; cette économie lui semblait aussi une juste compensation de ses prodigalités de l'autre soir ; aux femmes, après tout, à s'arranger entre elles ! Enfin la rapacité des déménageurs l'avait outré ;

chacun voulait tirer à boulets rouges sur sa bourse ; eh bien, personne ne l'atteindrait et personne n'aurait rien ! Ces motifs qui s'entassaient dans son esprit et se consolidaient les uns les autres, rendaient vaines les supplications et les rages de Mme Champagne qui, aussitôt que M^{e} Le Ponsart revint dans la pièce, perdit toute mesure et ne risquant plus de gâter une cause déjà jugée, passa aux menaces.

— Oui, Monsieur, oui, dit-elle, en sifflant des dents, j'irai, moi-même, dans votre pays, quand je devrais faire la route à pied, et je chambarderai tout, vous m'entendez bien ! — Je vous porterai l'enfant, je dirai partout ce qui en est ; je dirai que vous n'avez même pas eu le cœur de le faire venir au monde, cet enfant-là...

— Ta, ta, ta, interrompit le notaire

qui ouvrit son portefeuille, le cas était prévu. Voici une assignation du commissaire de police qui invite Mademoiselle à comparoir devant lui ; un mot de plus, j'use de ce papier, et je vous promets que Mademoiselle restera, si elle veut bouger de Paris, tranquille ; quant à vous, ma chère dame, je vais être obligé de vous faire assigner également par ce magistrat qui vous mettra à la raison, je vous le jure, si vous continuez de divaguer de la sorte. Au reste, venez à Bauchamp, si le cœur vous en dit ; je me charge, dès votre arrivée, de vous faire coffrer et vite...

— Oh ! la crapule ! a-t-il du vice ! murmura Mme Champagne qui aperçut, épouvantée, des enfilades de cachots sombres, les rats, le pain noir et la cruche de Latude, tout un lamentable décor de mélodrame.

Satisfait de son petit coup de théâtre, Me Le Ponsart descendit dans la cour où l'on chargeait les derniers meubles ; puis, lorsque tout fut bien en ordre, il invita le concierge à le suivre et remonta les quatre étages.

— Ah, ah ! nous nous décidons enfin, dit-il, voyant Mme Champagne qui trempait une plume dans un encrier et la tendait à Sophie.

Et tandis que les mains tremblantes des deux femmes s'unissaient pour dessiner un vague paraphe, au bas du papier, Me Le Ponsart fit signe au concierge de ficeler les frusques éparses de la femme, et lui-même prit et serra ce récépissé dans lequel Sophie déclarait avoir servi comme bonne chez M. Jules Lambois, affirmait avoir reçu le montant intégral de ses gages, attestait ne plus avoir droit à aucune somme.

— Après cela, tu auras de la peine à nous faire chanter, se dit-il, et il déposa sur la cheminée la somme dont il tenait, depuis la veille, la monnaie prête.

— Et maintenant, Mesdames, je suis à vos ordres. Et vous, si vous voulez ranger ces paquets dans la cour,... reprit-il, s'adressant au concierge.

— Non, Monsieur, non, ça ne vous portera pas bonheur, gémit, en secouant la tête, Mme Champagne qui soutint Sophie par le bras et l'emmena, toute défaillante. Tu as bien tout ce qui t'appartient ? et elle souleva le couvercle d'un panier que la jeune fille avait, elle-même, empli.

L'autre approuva de la tête et, lentement, elles descendirent.

— Ouf ! quel tintouin ! s'exclama Me Le Ponsart demeuré seul maître de la place. Il alluma un cigare qu'il s'était refusé, par galanterie, de fumer, pour ne pas incommoder ces dames et il jeta un coup d'œil sur les murs nus ; puis, par habitude de propreté, il poussa du bout de sa bottine, dans l'âtre, des rognures de chiffons et de papiers qui traînaient sur le plancher ; un billet, plié en quatre, attira cependant son attention ; il le ramassa, et le parcourut ; c'était une ordonnance de pharmacie : De l'eau distillée de laurier cerise et de la teinture de noix vomique. Il chercha, pendant une seconde, se rappela vaguement, en sa qualité d'homme marié et de père de famille, que cette potion aidait à combattre les vomissements de la grossesse.

Diable ! se dit-il, mais cette fille peut avoir besoin de cette ordonnance ! — Il ouvrit la fenêtre qui donnait sur la cour, attendit que les deux femmes, descendues de l'escalier, parussent, toussa fortement et lorsqu'elles levèrent le nez, il jeta ce petit papier qui voleta et s'abattit à leurs pieds.

— Je ne veux rien avoir à me reprocher, conclut-il, en tirant sur son cigare. Il inspecta le local, une dernière fois, s'assura qu'il était décidément vide, ferma soigneusement la porte et partit, à son tour, restituant la clef au concierge.

VI

Huit jours après le retour de Mᵉ Le Ponsart à Bauchamp, M. Lambois se promenait dans son salon, en consultant d'un air inquiet la pendule.

Enfin ! dit-il, entendant un coup de sonnette, et il se précipita dans le vestibule où, plus placide que jamais, le notaire accrochait son paletot à une tête de cerf.

— Ah ça, voyons, qu'est-ce qu'il y a ? dit-il, en suivant M. Lambois dans le salon où une table de whist était prête.

— Il y a que j'ai reçu une lettre de Paris, relative à cette fille !

— Ce n'est que cela, fit Me Le Ponsart dont la bouche se plissa, dédaigneuse ; je croyais qu'il s'agissait de faits plus graves.

Cette assurance allégea visiblement M. Lambois.

— Lisons cette lettre avant que ces messieurs n'arrivent, reprit le notaire, en regardant de côté les quatre chaises symétriquement rangées devant la table.

Il chaussa ses lunettes, s'assit près d'un flambeau de jeu et il tenta de déchiffrer un griffonnage écrit avec une encre aquatique, très claire, sur un papier très glacé, qui buvait par places.

MONSIEUR,

« *J'ose prendre la liberté d'écrire à votre bon cœur, en vous suppliant de vouloir bien prendre part à ma situation. Depuis que Monsieur Ponsart est venu et a emporté les meubles, Sophie qui n'avait plus un endroit pour reposer sa tête a été recueillie chez moi, comme l'enfant de la maison ; et elle en était digne, Monsieur, par son bon cœur, bien que Monsieur Ponsart ne lui ait pas rendu la justice qu'elle croyait, mais tout le monde ne peut pas être louis d'or et plaire à tout le monde...*

— Quel style ! s'exclama le notaire. Mais sautons cet inutile verbiage et arrivons au fait. Ah ! nous y voilà !

« *Sophie a eu une fausse couche bien malheureuse ; elle était dans l'arrière-boutique où que je prépare mes petites affaires pour que la boutique où l'on entre soit toujours propre, quand elle a été prise de douleurs ; Mme Dauriatte...*

— Qui est-ce, Mme Dauriatte ? demanda M. Lambois.

Le notaire fit signe qu'il ignorait jusqu'au nom de cette dame et poursuivit :

« *Madame Dauriatte n'a pas cru d'abord qu'il y allait avoir une fausse couche ; elle pensait que le coup d'avoir été chassée par Monsieur Ponsart lui avait tourné les sangs et elle est allée chez l'herboriste chercher du sureau pour l'échauder et faire respirer à Sophie la fumée, qui enlèverait l'eau qu'elle devait avoir dans la tête. Mais les douleurs étaient dans le ventre et elle souffrait tant qu'elle criait à étrangler ; alors, j'ai été prise de peur et j'ai couru à la rue des Canettes chez une sage-femme que j'ai ramenée et qui a dit que c'était une fausse couche. Elle a demandé si elle avait tombé ou si elle avait bu de l'absinthe ou de l'ormoise ; je lui ai dit que non, mais qu'elle avait eu une grosse peine...*

— Au fait ! passons ce fatras, dit M. Lambois impatienté ; nous n'en sortirons pas avant l'arrivée des amis et il est inutile de les mettre au courant de cette sotte affaire.

Me Le Ponsart sauta toute une page et reprit :

« — *Elle est morte, comme cela, et l'enfant ne vaut pas mieux ; alors, comme j'avais mis ma croix de cou et mes boucles d'oreilles en gage, j'ai payé la pharmacie et la sage-femme, mais je n'ai plus d'argent et Mme Dauriatte non plus, car elle n'en a jamais.*

« *Aussi, je vous supplie à deux ge-*

noux, mon bon Monsieur, de ne pas m'abandonner, je vous prie qu'elle ne soit pas dans la fosse commune comme un pauvre chien. Monsieur Jules qui l'aimait tant pleurerait à la savoir si malheureuse ; je vous prie, envoyez-moi l'argent pour l'enterrer.

« *En comptant sur votre générosité...* Bon et *et cætera*, dit le notaire — et c'est signé : *Veuve Champagne.* »

M. Lambois et Me Le Ponsart se regardèrent ; puis, sans dire mot, le notaire haussa les épaules, s'approcha de la cheminée, activa les flammes, plaça la lettre de Mme Champagne au bout des pincettes et, tranquillement, la regarda brûler.

— Classée, comme n'étant susceptible d'aucune suite, dit-il, en se redressant et en remettant les pincettes en place.

— C'est trois sous de timbre qu'elle a bien inutilement dépensés, remarqua M. Lambois que la placidité de son beau-père achevait de rassurer.

— Enfin, reprit Me Le Ponsart, cette mort clôt le débat. Et d'un ton indulgent, il ajouta :

— En bonne conscience, nous ne pouvons plus lui en vouloir à la pauvre fille, malgré tout le tintouin qu'elle nous a donné.

— Non, certes, aucun de nous ne voudrait la mort du pécheur. Et, après un temps de silence, M. Lambois insinua : Cependant, il faut avouer que notre bienveillance, pour son souvenir est peut-être entachée d'égoïsme, car enfin, si nous, nous n'avons plus rien à craindre de cette fille, qui sait si, au cas où elle eût vécu, elle n'aurait pas de nouveau jeté le grappin sur un fils de famille ou semé la zizanie dans un ménage.

— Oh ! à coup sûr, répondit Me Le Ponsart, la mort de cette femme n'est pas bien regrettable ; mais, vous savez, pour le malheur des honnêtes gens, après celle-là, une autre ; une de perdue...

— Dix de retrouvées, ajouta M. Lambois, et il compléta cette oraison funèbre, par un hochement attristé de tête.

SPES · IN · LABORE
DARANTIERE

www.ingramcontent.com/pod-product-compliance
Ingram Content Group UK Ltd.
Pitfield, Milton Keynes, MK11 3LW, UK
UKHW031910260826
14628UKWH00003B/1106

9 782019 127329